世界基準の英語力

全国トップクラスのさいたま市の教育は何が違うのか

細田眞由美

時事通信社

私たちは
英語はお金をかけて学ばないと話せるようにならない
そう思っていませんか。

幼少期から英会話スクール、中高生で留学、
社会人になってからも多額の投資をして
ようやく話せるようになるんだ、と。

よほど生まれた環境に恵まれなければ
英語は話せるようにならない

まして
公立の学校教育だけで英語が話せるようになるなんて
夢のまた夢

そんなことできるわけがない。

でも、もしそれが常識ではなく
思い込みだったとしたら？

特別な環境で育たなくても
地域の学校で英語が言葉として使えるようになる

そんな夢のような話が現実だったとしたら？

未来の話？

いいえ、もうすでに現実に起こっていること。

さいたま市の子どもたちが
それを証明しているのです。

しかも、ただ語学が上達しただけの
英語ではない。

目指すのはもっともっと、ずっと先。

今こそ私たちの常識をアップデートする時。
何が起きているのか見てみませんか。

◉さいたま市立本太小学校　５年２組　有江　聖教諭の授業風景

世界基準の英語力

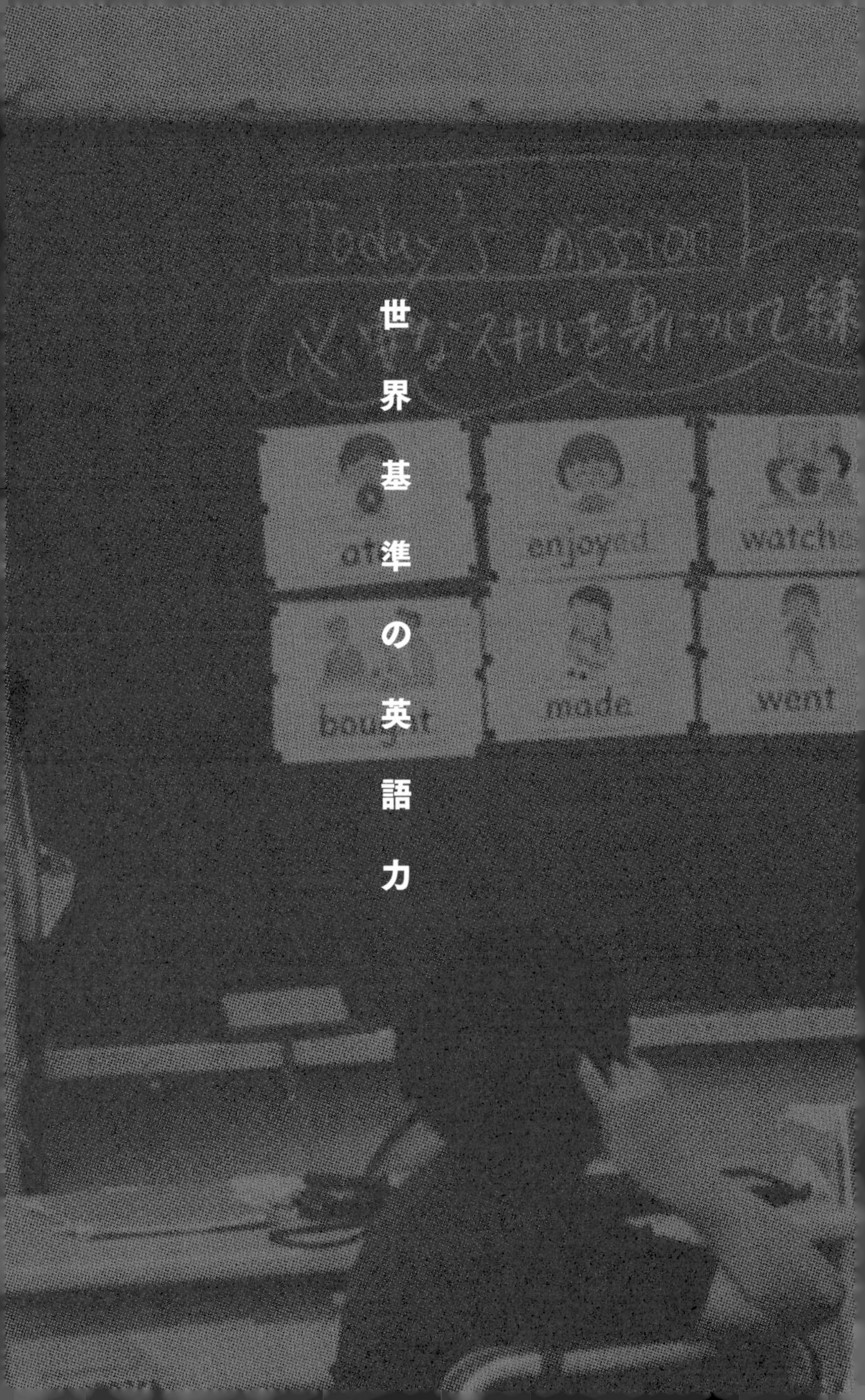

はじめに

「僕たちは英語を学んでいるのではなくて、英語で学んでいるのです！」

中学生の英語力日本一のさいたま市を、様々なマスコミが取り上げてくれました。この発言は、あるTV番組での街頭インタビューで、「学校では、どんな英語の勉強をしているのですか」という質問に、通りかかったさいたま市の中学生が答えた一場面です。

文部科学省が全国の公立小学校・中学校・高等学校を対象に実施した2022年度「英語教育実施状況調査」で、**さいたま市は「英検3級」以上の英語力がある中学3年生の割合が86・6%となり、**都道府県・指定都市別で**全国1位**でした。この調査は2013年度から行われており、実施されなかった2020年度を除き、2018年度からさいたま市が4回連続1位を取り続けています。

2022年度の全国の平均49・2%を37・4ポイント上回る、全国第1位であるさいたま市に、マスコミの取材だけでなく、他の自治体、学校からも視察の申し込みが絶えません。

「どのような授業を実施しているのですか」

「授業時数は？　指導体制は？」

「『グローバル・スタディ』という独自の英語教育を実施しているようですが、視察させてください」

さいたま市を訪れ、私たちの取り組みについて説明を聞き、視察を終えた多くの方は、取り組みの先進性と子どもたちが楽しそうに生き生きと授業に参加している姿を称賛してくださいます。そして、ひとしきりお褒めの言葉をいただいた後に、このシステムを参考にしたいが、予算がない、人材不足であるという課題を口にし、「さいたま市だからできるのですね」という声まで聞かれることがあります。

いいえ、さいたま市でできたことは、**どの自治体でも、どの学校でもできます。**

168校のさいたま市立学校には、10万5000人の児童生徒が学んでいます。教職員だって6000人です。様々な家庭環境の子どもたち、様々なタイプの教職員がいます。

この大きな組織が、改革を受け入れ実践するのは、そんなに簡単ではありませんが、方法はありました。

それは私たちの自治体に合った「**仕組み**」を見つけたことです。

「仕組み」とは、どの学校でも、どの教師でもできるシステムのことです。

私たちは、組織全体を俯瞰《ふかん》して見て、無理なく実践でき、そして効果が出るシステムをつくるために、議論を繰り返し、チャレンジし、修正し、「さいたまメソッド」を完成させました。


私は、さいたま市教育長を2期6年間務め、2023年6月27日をもちまして退任しました。皆様に支えられ「日本一の教育都市」の実現のため誠心誠意取り組んでまいりました。

思えば、私の教育長としての6年間は、コラボレーションとチームワークそのものでした。アメリカの自動車王ヘンリー・フォードが『集まることで始まり　ともにいることで

進歩し　協力することで成功する』という言葉を残していますが、さいたま市教育も常に集い話し合い前進してまいりました。コロナ禍をはじめとして幾多の困難が私たちを襲いましたが、困難を乗り越える度に私たちは信頼を深め強い組織になりました。教育長を退任した今、私は、一人ではなれなかったものに、チームでならなれるということを実感しています。

――――

これは、私の教育長退任のあいさつの一部です。

さいたま市教育委員会事務局、そして168校の市立学校には、優れたアイディアを持っている人材がたくさんいますので、私は常に皆の意見を聞きたくなりました。私自身の内側から湧き出る施策の種について、早い段階から皆の意見を聞きます。そして、何度も何度も議論します。ですから、教育長室はさながら「ブレスト（ブレインストーミング）部屋」でした。

もちろん、難題もたくさんありました。それでも「できないならば、どう形を変えたらできるのか？」と皆で議論しながら前に進んできました。その結果の一つが、「**中学生の英語力日本一**」なのです。

私は、本書のタイトルを「**世界基準の英語力**」としました。
英語は言語ですから、スキルを身に付けることが、まずは大切です。
音に慣れ、単語やフレーズを自分のものにして、使えるようになる。

しかし、それだけでは「世界基準」ではありません。

英語を「言葉」として生きて働かせ、人々をつなぎ、地球上に山積している様々な課題解決に向かっていける力が「世界基準の英語力」だと考えています。そして、私は、日本中の子どもたちに「世界基準の英語力」を身に付けてもらいたいと切に願い、本書のタイトルとしました。

なぜならば、私たちの目の前の子どもたちは、今は、子どもの姿をしているけれど、彼ら、彼女らは、未来そのものですから。

未来には、私たちや私たちの上の世代が生んだ、世界の分断と紛争、気候変動など、多くの手ごわい課題が横たわっています。解決していくためには、世界中の人々が、様々な障壁を乗り越えて、手を携えていかなければなりません。

これは、子どもたちだけが解決しなければならない課題ではありません。私たち大人も、世界中の人々と一緒に知恵を絞り、未来を創っていく新しい価値を創造する責任を果たさなければなりません。ですから、私たちにも対話するための言葉、「世界基準の英語力」があれば、心強いと思います。

そして閉塞《へいそく》感が強まる今こそ、大人も子どもも「**希望の未来を語る言葉**」が必要なのではないでしょうか。

日々奮闘している全国の教師たち、1700を超える自治体の教育行政職員の仲間たち、我が子に「世界基準の英語力」をプレゼントしたいと思っている多くの保護者の皆さん、そして、世界をつないで新しい価値を創造しようとしているすべての人々に、私たちの実践が少しでもお役に立てればと願い、この本をお届けします。

どうぞ、最後までお付き合いください。

目次

第2章

仕組みから変えた公立学校 10万5000人の英語教育「さいたまメソッド」

第6章 「世界基準の英語力」を武器にした子どもたちのチャレンジ

さいたま市とは

2001年に浦和市・大宮市・与野市の3市が合併して誕生し、2005年に岩槻市を編入した、人口約134万5000人の政令指定都市です。

序章

「世界基準の英語力」の原点

さいたま市の教育長として
「世界基準の英語力」を掲げるまで
いったい何があったのか
私の個人的な物語をご紹介します。
ぜひ体験を共有しながら
これからの未来を一緒に考えていきましょう。

英語は世界を見る窓

平成の30年間は、グローバル化の進展と共にありました。

日本と世界を隔てるものは小さくなり、人やモノ、情報が軽やかに海を越え行き来した時代でした。

では、令和の「日本」と「日本人」はどこに向かっているのでしょうか。

世界は依然として競争が支配し、格差と分断が拡大しています。そして、子どもたちは、コロナ禍が拍車をかけた**不確実性の増す世界を生きていく**のです。

今から40年前、埼玉県立高校の英語の教師として教壇に立った私は、生徒たちに「**英語は世界を見る窓**」と語り続け、目の前の生徒たちにコミュニケーションの手段であり世界のダイバーシティを知る思考のツールの一つとして英語を学んでもらおうと奮闘しました。

当時、こんな授業を実践していました。

アメリカ公民権運動のリーダーであったキング牧師を扱っている題材"I have a dream"では、公民権運動の実録映像「Eyes on the Prize」を活用したり、図書館でキング牧師や共に歩んだ人々が非暴力・不服従の考え方で差別と闘った思いや団結の素晴らしさを英語や日本語の様々な文献にあたったりして、その行動力について生徒と共に学びました。

イギリス文化のAfternoon Teaを扱っている教材に出合った際には、私は当時一緒に授業をしていたイギリス人のALTと共に大量のスコーンを焼いて教室に持ち込み、生徒たちと実際にAfternoon Teaを体験してみることにしました。自宅から愛用のカップを持参し、少し気取って紅茶とスコーンをいただきながらイギリスの生活や文化についてALTから紹介してもらったのです。

ずいぶんいろいろと工夫した授業を実践したつもりでしたけれど、卒業の時に「一番思い出に残った授業はAfternoon Teaだった」と言われた際には苦笑いでした。ただ、いずれにしても、生徒たちにとってAfternoon Teaがイギリスの文化として印象に残ったことは間違いありません。

駆け出しの私は、英語を単なる語学学習にとどまらせることなく、世界の多様性を知り生徒一人ひとりの生き方につながる授業をつくろうと、**人権・平和・環境・国際理解などの題材を積極的に取り入れていた英語教師**の一人でした。

県立高校の英語教師から、県教育委員会事務局職員、県立高校の管理職を経て、2011年にさいたま市教育委員会事務局職員となった私は、その後、市立高校校長、そして教育長として12年間さいたま市の教育に関わってきました。その間、常に、私たち大人が経験したことのない世界を生きる子どもたちに「何を伝えていったらよいのだろうか」と考え、6000人の教職員と様々な議論を繰り返しました。

そして、さいたま市立学校で学ぶ10万5000人の子どもたちに**「世界基準の英語力」を提供したい**と強く考えるようになったのです。

本書は、その取り組みの記録ですが、まずは、私自身がなぜ、「英語は世界を見る窓」と考えるようになったのか、私の履歴書に少しお付き合いください。

誰かのために生きてこそ、人生には価値がある

1978年、当時18歳の私は、International House という留学生専用のドミトリー（学生寮）で、シャンプーというイラン人留学生とルームシェアして暮らしていました。

高校3年生の大学受験期に父が急逝し、受験をしないまま浪人生活に入ってしまった私は、父を喪《うしな》った押しつぶされそうな悲しみと、自分が何者にもなれないのではないかという不安で塞ぎ込んでいました。そんな私に、母が「世界は広い。可能性を探しに行ってらっしゃい」と留学を勧めてくれたのです。

そして、単身アメリカ合衆国に渡り、留学生活が始まりました。

宗教、文化、生活習慣の全く違うルームメイトと一緒に、アメリカの文化と語学を学びながら、お互いを理解し尊重し合って生活していく毎日は、とても刺激的でした。

彼女との生活が始まってまだ日も浅いある日のこと。一緒に夕食の準備をしていた時、学生寮の共同キッチンの壁にこんな落書きを見つけました。

Life isn't worth living, unless it is lived for someone else.
誰かのために生きてこそ、人生には価値がある。

誰の言葉かは分からないけれど（後にアインシュタインの言葉だということが分かりましたが）、未熟な日本人とイラン人は、西洋文化の持つ懐の深さに魅了され、これから本格化する留学生活に期待で胸が躍りました。

シャンプーはムスリム（イスラム教徒）ですから、1日に5回礼拝をします。メッカのカーバ神殿の方を向いてお祈りをするのです。礼拝は、彼女の生活の一部でした。ラマダンという断食月があります。1カ月間、日の出から日没までは一切の飲食を禁じられているのですが、日没後（＝夕方以降から翌未明まで）に一日分の食事を摂っていました。普段よりも水分が多いおかゆみたいなものを食べていたと思います。

シャンプーと私は、お互いの生活や文化についてよく話し合いました。一緒に生活するためには、**互いの価値観を知り認めることが必要**だったからです。

半年ほどたった頃、シャンプーは私にこんなことを言いました。

「真由美と暮らしてみて、ムスリムと日本人はよく似ていると思った。豚肉を食べるとか、ヘジャブ（ヒジャブ）をかぶらないとか習慣の違いはあるけれど、家族を大切にする、ルールを守る、身の回りをきれいにするとか、価値観が似ているね」と。

確かに、私たちは、互いが気持ちよく暮らすためのルールを決めて大切にしました。それぞれ離れて暮らしている家族のことをよく話しました。おせっかいなくらい面倒見の良いところもあり、とにかく気が合ったのです。

しかし、イラン革命が勃発、そして、アメリカ大使館人質事件などによりイランとアメリカ合衆国の関係が悪化した1979年、国費留学で来ていたシャンプーは、帰国を余儀なくされました。私たちの二人三脚の生活は、世界情勢に翻弄されあえなく終わってしまったのです。

10代の終わりの多感な私は、アメリカ合衆国の国際社会での役割、顕在化している人種の問題や貧富の差という現実や文化や宗教の持つ複雑さを目の当たりにし、衝撃を受けました。そして、自分自身が**世界的な視野で物事を捉えられるようにならなければ**と強く思うようになったのです。

今、世界を見渡してみると、私が40年以上前に憂えた世界の課題は一向に解決せず、むしろロシアのウクライナ侵攻をはじめとする紛争と分断、気候変動、貧困という問題が一気に噴き出し、**より困難な時代を迎えてしまった**と言わざるを得ません。

では、課題山積のこの世界で、私たちはどのように行動していったらよいのでしょうか。

その問いへの答えの一つが、Life isn't worth living, unless it is lived for someone else.

「誰かのために生きてこそ、人生には価値がある」という、学生寮のキッチンに書かれていたあの落書きの言葉が、私の脳裏に鮮明によみがえりました。

シャンプーの帰国後しばらくして、私を留学へと背中を押してくれた母が末期がんであることが分かり、私自身も帰国することとなりました。その後、看病の甲斐なく母はこの世を去ってしまいましたが、母のおかげで勇気を持って踏み出した留学経験が、今の私の基礎をつくったと言っても過言ではありません。

より良い世界を築くことに貢献する人

1年余りのアメリカでの生活で多くの方々にお世話になったことに感謝し、私は帰国後、国際交流に貢献したいと考え、日本に来ている留学生のお世話をするボランティアを始めました。

アメリカでの経験もあり、他国の人と暮らすことに慣れていた私は、ホームステイ先が見つからないセルビア人の大学生が困っていることを知り、彼女と我が家で一緒に暮らすことにしました。ディアナといって、外見の話にはなりますが、目の覚めるような美人で、一緒に歩いているとたいていの男性が振り返るほどでした。

「女性の私でも、ほれぼれするほど美人ね」と彼女に言ったことがあります。すると、彼女は「民族が複雑に入り組み、紛争が繰り返されてきたバルカン半島の歴史のおかげかしら」と、ちょっとシニカルに笑っていました。


バルカン半島は、ローマ帝国、ビザンツ帝国、オスマン帝国といった大帝国の支配が続きましたが、その間も、ラテン系、ゲルマン系、スラブ系、トルコ系などの諸民族が諸国家を建設し、民族対立・宗教対立が後を絶ちませんでした。「ヨーロッパの火薬庫」とまで言われ、第一次世界大戦の引き金となった地域でもあります。その歴史により、バルカン半島には五つの民族、四つの言語、三つの宗教が入り乱れています。それがかつてユーゴスラビアという一つの国家としてどうにか収まっていたのは、チトー大統領というカリスマによる強いリーダーシップのおかげでした。1980年に彼が亡くなると、バルカン半島は、再び血で血を洗う民族紛争が長く続くこととなりました。

私が、ディアナと一緒に暮らしていた1992年当時は、彼女の祖国はセルビア共和国という共和制国家の体制は取っていましたが、政情は不安定でした。彼女はいつも、諸民族がそれぞれを認め合い、緩やかな連携を持っていくために自分に何ができるかと考えていました。

しかし、ディアナの帰国後も、彼《か》の地には幾多の困難が待ち受けていました。残念ながら私は、そのことを遠い国の紛争として受け止めるしかなかったのです。

アメリカでのルームメイトだったイラン人のシャンプー、そして、日本で一緒に暮らしたセルビア人のディアナ。2人の友人との出会いは、私に**より良い世界を構築するためには、多様性を理解し、受け入れ、つないでいくことが大切**であり、そして、**それは決して簡単なことではない**と教えてくれました。

その後、20年以上にわたって英語の教師として教壇に立ってきた私は、常に「**英語は世界を見る窓。英語を道具として世界を見よう。そして、より良い世界を築くために自分は何ができるか考えてほしい**」と語ってきました。

対話とふれ合いが世界を救う

2013年、さいたま市立大宮北高等学校の校長となった私は、高校生という**多感な年代で世界を見て体験することとの大切さ**を語り続け、修学旅行先をシンガポール・マレーシアとしました。

シンガポールでは、多文化共生の中で育ち、様々な価値観を持った現地の大学生との交流、そしてマレーシアでは、現地の高校と学校交流を行いました。

マレーシアの交流校は、生徒と先生方の9割以上がムスリムでした。民族音楽で大歓迎してくれた教員と生徒との穏やかな文化交流を経験した後、大宮北高校のある生徒がこんな感想を述べました。当時は、イスラム過激派によるとみられるテロ事件が、多発していた時期です。

「今、国際情勢を震撼させているいわゆる〝イスラム国〟など、宗教や民族紛争のニュースを見聞きするたびに、イスラム世界への偏見が増していた。しかし、実際に交流したムスリムであるマレーシアの高校生は、皆優しく素朴で思いやりあふれる人々だった。スポーツや音楽を楽しみ、SNSでコミュニケーションを取り、将来の自分に希望を持ったり、悩んだり、自分たちと同じ高校生だった。だから、自分たちの世代が力を合わせ、お互いを理解し認め尊重し合える世界を構築していかなければならないと痛感した」と。

さらに、大宮北高校では、理数科の生徒が台湾の高校生と共同研究するサイエンス研修も実施しました。このプログラムは、校長である私が自ら台北市に行き、台北市校長会の会合で「単なる国際交流ではなく地球規模の課題について共同研究するプロジェクト・ベースド・ラーニング（PBL）をやりたいと考えているが、どなたか一緒にチャレンジしていただけないか」と提案しました。2014年のことです。そして、手を挙げてくださった人物が、当時、台北市校長会長の台北市立松山高級中学校（Song-Shan SHS）の陳清諧校長先生でした。

早速、翌2015年から国際協働学習がスタートしました。両校の生徒たちは、あらかじめオンラインで研究を進め、年に1回、大宮北高校の生徒が台湾を訪れ、対面で実験やプレゼンを協働で行うPBLにチャレンジしました。その際の生徒たちの共通言語は、当然英語です。サイエンス研修に参加している理数科生たちは、とても優秀な生徒たちですが、台湾の高校生の英語力に舌を巻いていました。

このPBLを通して、**英語がいかに大切なツールであるか**を実感し、まさに「世界基準の英語力」を身に付けたいと、強く思うようになったようです。

2018年には、JST（国立研究開発法人 科学技術振興機構）主催の「さくらサイエンスプラン（現・さくらサイエンスプログラム）」の支援を受け、Song-Shan SHSの生徒を招聘し様々なSTEM▼1プログラムや日本でのフィールドワークも実施することができました。こういった取り組みの積み重ねにより、両校の生徒たちの間に深い絆が生まれたことは言うまでもありません。

さて、このプロジェクトになぜ台湾という地域を選んだのか。理由は二つあります。一つは、台湾がテクノロジーの分野でアジアをリードしているから。もう一つは、日本との歴史的な関わりについて生徒たちに知ってもらいたかったからです。

東日本大震災後、台湾から総額200億円を超える民間義援金を贈っていただきました。そして「最も好きな国」として台湾の人々の何と60%が日本を選び、これは世界トップであるという事実（日本台湾交流協会調査、2022年）。私は、なぜ、かつて日本の植民地であった台湾がこれほどまで親日的なのかとても不思議に思っていましたが、台湾や台湾の人々を知ると謎が解けました。

日本は、日清戦争の結果、台湾を占領しました。世界で最後に帝国主義になった日本が、最初に手に入れた植民地をどのように統治するかが議論になりました。それまでオランダや清朝に統治されていましたが、未開の土地のまま放置されていたところで、後藤新平という政治家が手腕をふるい、台湾の近代化に取り組みました。その手法は、優秀な人材を投じ、台湾のインフラを整えるというやり方でした。

その一人に八田與一《はったよいち》という日本人技師がいました。彼は、台湾南部の不毛の大地を潤す烏山頭ダムという東洋一のダムを建築しました。それからわずか3年で台湾最大の穀倉地帯へ変え、困窮を極めていた農民に豊かな生活を与えたという偉大な日本人です。完成後90年以上が経過する現在でも、台南の人々に豊かな水資源を提供し続けています。

戦前、帝国主義国家であった日本が行った負の部分ばかりがクローズアップされる歴史教育

▼1 Science（科学）、Technology（技術）、Engineering（工学・ものづくり）、Mathematics（数学）

にさらされてきた私は、八田與一のような優秀で心豊かな日本人が、現地の人々のために偉大な業績を残したこと、そして長い歴史を経て、なお台湾の人々に尊敬され続けていることを知り、日本人として誇りに思いました。

私は、**歴史を学ぶ意義は、自分がなぜこの場所でこうやって生きているのか、その座標を知ること**にあると考えます。自虐的にも傲慢にもならず、まずは客観的事実の積み重ねを知ることが大切なのではないでしょうか。その上で、未来へどのようにつないでいくかを自分で判断することだと常々思っています。

平和を希求するのは自明のこと。では、コロナ禍を経験した上でグローバル社会を生きる私たちは、どのように地球規模での平和を求めるべきでしょうか。

1956年に勃発したスエズ危機の解決に尽力し、翌年ノーベル平和賞を受賞したピアソンは、「互いを知らず、理解しあえないなら、どこに平和があるのか。互いに切り離され、相手に学ぶことも許されないなら、どうやって共存できるのか。対話とふれあいの妨げとなるカーテンを、さあ脇に捨てよう」（毎日新聞2018年1月1日付朝刊）という言葉を残しています。

時を超えてもう一度この言葉を真摯に受け止め、考え行動し互いに知恵を出し合って前進していかなければならないと考えます。

誰も見たことのない世界を生きる子どもたちのために

ニューヨーク州立大学キャシー・デビッドソン教授の発表した「今年、アメリカの小学校に入学した子どもたちの65％は、大学卒業時に今は存在しない職業に就くだろう」という論文に、私たちは衝撃を受けました。2011年のことです。

その後も、今後10年から20年程度で半数近くの仕事が自動化される可能性が高い（オックスフォード大学マイケル・オズボーン准教授）や、2045年にはAI（人工知能）が人類を超える「シンギュラリティ」に達するであろうという未来予測が、次から次へと発表され話題をさらいました。

しかし、2022年11月に公開された、チャットGPT（Chat GPT）をはじめとした人間のように対話することができる生成AIを目の当たりにした私たちは、世界は、キャシー・デビッドソン教授らの**未来予想をはるかに超えるスピードで変化していく**のではないかという驚きを感じています。

また、2016年にベストセラーになったリンダ・グラットン氏らが著した『LIFE SHIFT――100年時代の人生戦略』（東洋経済新報社）によれば、2007年に日本で生まれた子どもの半数は、107歳まで生きると予想されています。2007年出生の子どもたちといえば、2023年に16歳、高校1年生になりました。

彼らは、私たちが生きてきた「教育→仕事→引退」の順に同世代が一斉行進する人生ではなく、多くの人が転身を重ね、複数のキャリアを経験するマルチステージの人生を生きていくでしょう。

つまり、**私たちの目の前の子どもたちには、ロールモデルがない中、生き方を模索しなければならない人生100年時代がやってくる**のです。このような、誰も見たことのない世界を生きる子どもたちに必要な力とはどのような力なのでしょうか。

ＯＥＣＤ（経済協力開発機構）の２０３０年の教育を構想するプロジェクトEducation 2030で、一つの明確な考え方が示されました。21世紀に必要とされる最も大切なコンピテンシー(力)は、「**協働的な問題解決能力**」であり、また単なるスキル（知識や技能）のみではなく、**キャラクター（人格）**も大切にされなければならない。さらに、地球規模で課題解決ができる「**グローバル・コンピテンス**」を持った人材育成の重要性も強調されています。

私は、２０１９年５月に公表されたＯＥＣＤの「ラーニング・コンパス（学びの羅針盤）２０３０」最終報告書を手にし、これだと膝を打ちました。なぜならば、私が２０１７年６月に、教育長の所信表明として掲げた「子どもたちの未来のためのPLAN THE NEXT　３つのＧで日本一の教育都市へ」が、Education 2030に合致する考え方であると意を強くしたからです。

３つのＧのうち、第一のＧは、**Grit（グリット）「やり抜く力で真の学力を育成する」**。子どもたちの学ぶ意欲や自己肯定感、つまり人格とも密接につながる非認知能力を高めるとともに、主体的で対話的な質の高い授業を展開し真の学力を育成することを目指します。

第二のＧは、**Growth（グロウス）「一人ひとりの成長を支え、生涯学び続ける力を育成する」**。

さいたま市の強みである、学校・家庭・地域・行政による確かな教育力を一層高め、小・中・高等・特別支援学校12年間の「学びの連続性」を持った指導を行うことを目指します。

第三のGは、**Global（グローバル）「国際社会で活躍できる人材を育成する」**。激動する世界を舞台に挑戦する主体性と創造性、豊かな人間性を養うとともに、価値観の異なる人々と関わり、多様性を受け入れ活用できる力を育成することを目指します。

教育長を務めた6年間、私は、**不確実性を増す未来を生きる子どもたちに、生涯にわたって質の高い学びを重ね、自分の頭で考え抜いて、「新しい価値」を見つけられる、知的にタフな人間になってほしい**と願い、6000人の教職員と共に様々な施策に取り組んできました。

さて、ここまでが私の個人的な物語です。多くの困難はありましたが、やりがいのある日々でした。

次章からこれまでの実践をもとに、様々な角度から「**さいたま市の教育は何が違うのか**」についで述べてまいります。引き続きお付き合いください。

第1章

全国トップクラスの英語力をどう実現してきたのか

さて、いよいよ
さいたま市の英語教育の秘密を
大公開します。
決して早期の詰め込み教育ではないのです。
キーワードは
「楽しい！」

「英語教育実施状況調査」4回連続日本一

日本の英語教育に課せられた数値目標

2018（平成30）年6月に「第3期教育振興基本計画」（2018年度〜2022年度）が閣議決定されました。その中で、社会の持続的な発展を牽引するための多様な力を育成するグローバルに活躍する人材の育成の測定指標として「英語力について、中学校卒業段階でCEFR《セファール》A1レベル相当以上、高等学校卒業段階でCEFR A2レベル相当以上を達成した中高生の割合を5割以上にする」と示されました。

図表1-1　各資格・検定試験とCEFRとの対照表

CEFR	ケンブリッジ英語検定	実用英語技能検定 1級～3級	GTEC Advanced Basic Core CBT
C2	230 - 200		
C1	199 - 180	3299 - 2600	1400 - 1350
B2	179 - 160	2599 - 2300	1349 - 1180
B1	159 - 140	2299 - 1950	1179 - 930
A2	139 - 120	1949 - 1700	929 - 680
A1	119 - 100	1699 - 1400	679 - 260

ケンブリッジ英語検定（各試験CEFR算出範囲）
- C2 Proficiency (230) - (180)
- C1 Advanced (210) - (160)
- B2 First (190) - (140)
- B1 Preliminary (170) - (120)
- A2 Key (150) - (100)

実用英語技能検定（各級CEFR算出範囲）
- 1級 (3299) - (2304)　2630
- 準1級 (2599) - (1980)　2304
- 2級 (2299) - (1728)　1980
- 準2級 (1949) - (1400)　1728
- 3級 (1699) -　1456

GTEC（各試験CEFR算出範囲）
- CBT (1400) -
- Advanced (1280) -
- Basic (1080) -
- Core (840) - (260)

CEFR	IELTS	TEAP	TEAP CBT	TOEFL iBT
C2	9.0 - 8.5			
C1	8.0 - 7.0	400 - 375	800	120 - 95
B2	6.5 - 5.5	374 - 309	795 - 600	94 - 72
B1	5.0 - 4.0	308 - 225	595 - 420	71 - 42
A2		224 - 135	415 - 235	
A1				

■は各級合格スコア

※括弧内の数値は、各試験におけるCEFRとの対象関係として測定できる能力の範囲の上限と下限

文部科学省（平成30年3月）を参考に編集担当作成

ＣＥＦＲとは、Common European Framework of Reference for Languages（ヨーロッパ言語共通参照枠）の略称で、外国語学習者の言語運用力を客観的に示すための国際基準規格です。閣議決定された数値目標を、図表1-1の対照表から皆さんご存じの英検で言いますと、中学校卒業段階で**「ＣＥＦＲ Ａ1レベル相当以上」**とは、**「英検3級以上」**、そして高等学校卒業段階で**「ＣＥＦＲ Ａ2レベル相当以上」**とは、**「英検準2級以上」**ということになります。

そして、文部科学省は２０１３（平成25）年度から全国の公立の小学校・中学校・高等学校（義務教育学校・中等教育学校を含む）を対象として、英語教育改善のため「英語教育実施状況調査」を実施してきました。調査は毎年12月に行われて、結果は翌年度の春に公開されています。

長い間、日本の英語教育は実用性について明確な方向を示されてきませんでしたが、こうした大改革で日本の英語教育に国の数値目標が示されたことになります。

そして、毎年この調査結果が可視化され、各自治体の英語教育に対する意識変革が進んだことは間違いありません。

加えて、２０１７（平成29）年3月に小学校及び中学校、２０１８（平成30）年3月に高等学

図表1-2　CEFR A1レベル（英検3級）相当以上を達成した中学生の割合

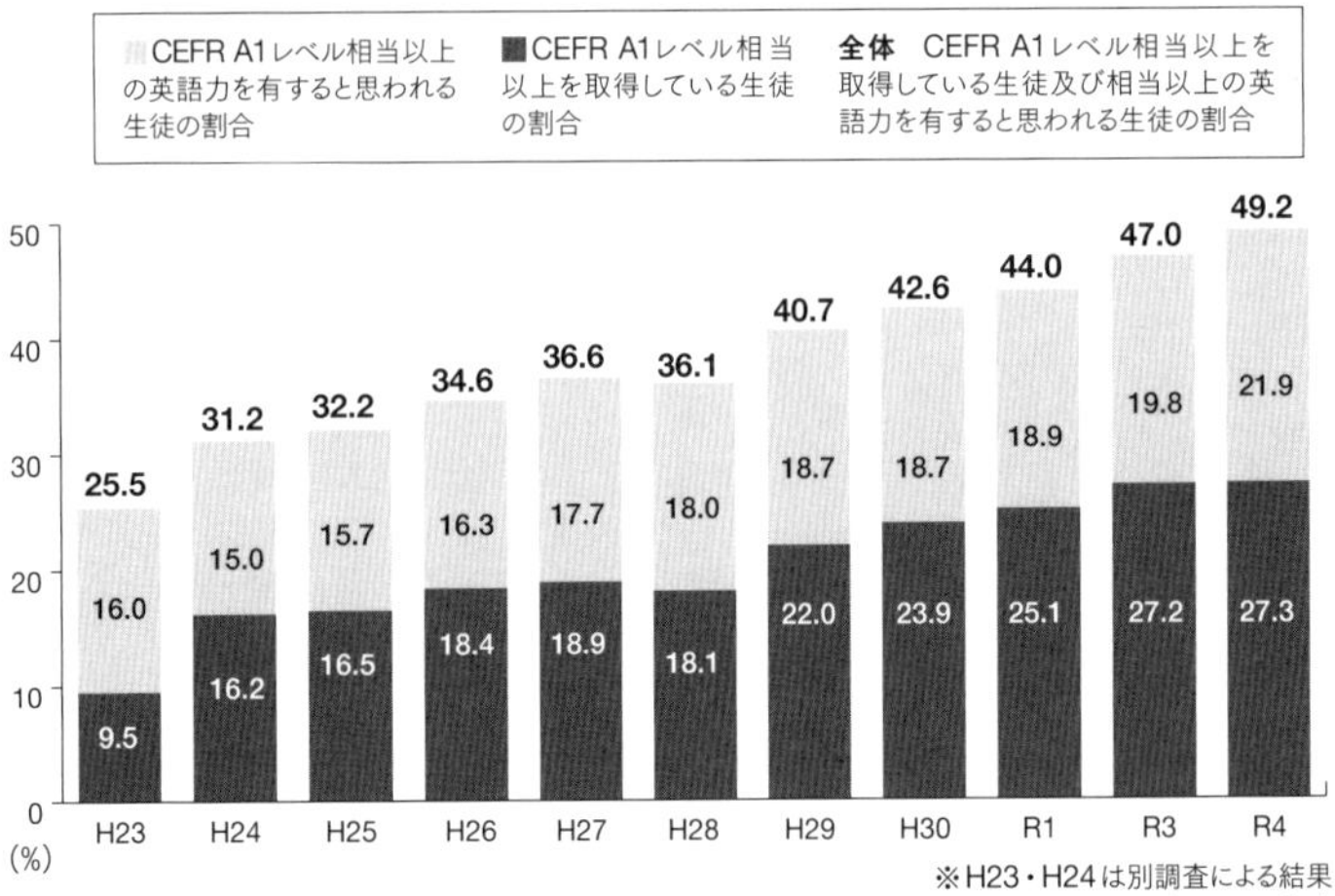

※H23・H24は別調査による結果
文部科学省「令和4年度『英語教育実施状況調査』概要」より作成

校の学習指導要領が告示され、「主体的・対話的で深い学び」の視点から「何を学ぶか」だけでなく「**どのように学ぶか**」も重視して授業を改善していく中で、外国語教育も、「**読むこと**」「**聞くこと**」「**話すこと**」「**書くこと**」をバランスよく学習することが強く求められました。このことも、大きな前進と言えるでしょう。

やっと、日本の英語教育が変わる兆しが見え始めたことは、図表1-2をご覧になると、分かっていただけるのではないでしょうか。中学校卒業時にCEFR A1レベル（英検3級）相当以上を達成した中学生の割合が、この10年で約2倍、49・2%になり、国の掲げた数値目標にも肉薄しました。

図表1-3　さいたま市の「英語教育実施状況調査（中学校）」の結果

年度	さいたま市（%）	全国平均（%）	
2017年度（H29）	58.9	40.7	政令指定都市　第1位
2018年度（H30）	75.5	42.6	都道府県・政令指定都市 第1位
2019年度（R1）	77.0	44.0	都道府県・政令指定都市　第1位
2020年度（R2）	※未実施		
2021年度（R3）	86.3	47.0	都道府県・政令指定都市　第1位
2022年度（R4）	86.6	49.2	都道府県・政令指定都市　第1位

※割合は、CEFR A1レベル（英検3級）相当以上を達成した中学生の割合
文部科学省「英語教育実施状況調査」（平成29年度～令和4年度）より作成

さて、さいたま市の子どもたちです。

図表1-3の通り、さいたま市の中学3年生は、「英語教育実施状況調査」において、4回連続日本一でした。

私は、教育長を務めた6年間で、本当に多くの授業を視察しました。「グローバル・スタディ」だけでも100時間は下らないでしょう。そして、一つの例外もなく、とにかく子どもたちは楽しんで授業を受けていました。

4回連続日本一は、「授業が楽しい」が一つの大きな要因だと思っています。

図表1-4　中学生の英語力（都道府県・指定都市別）

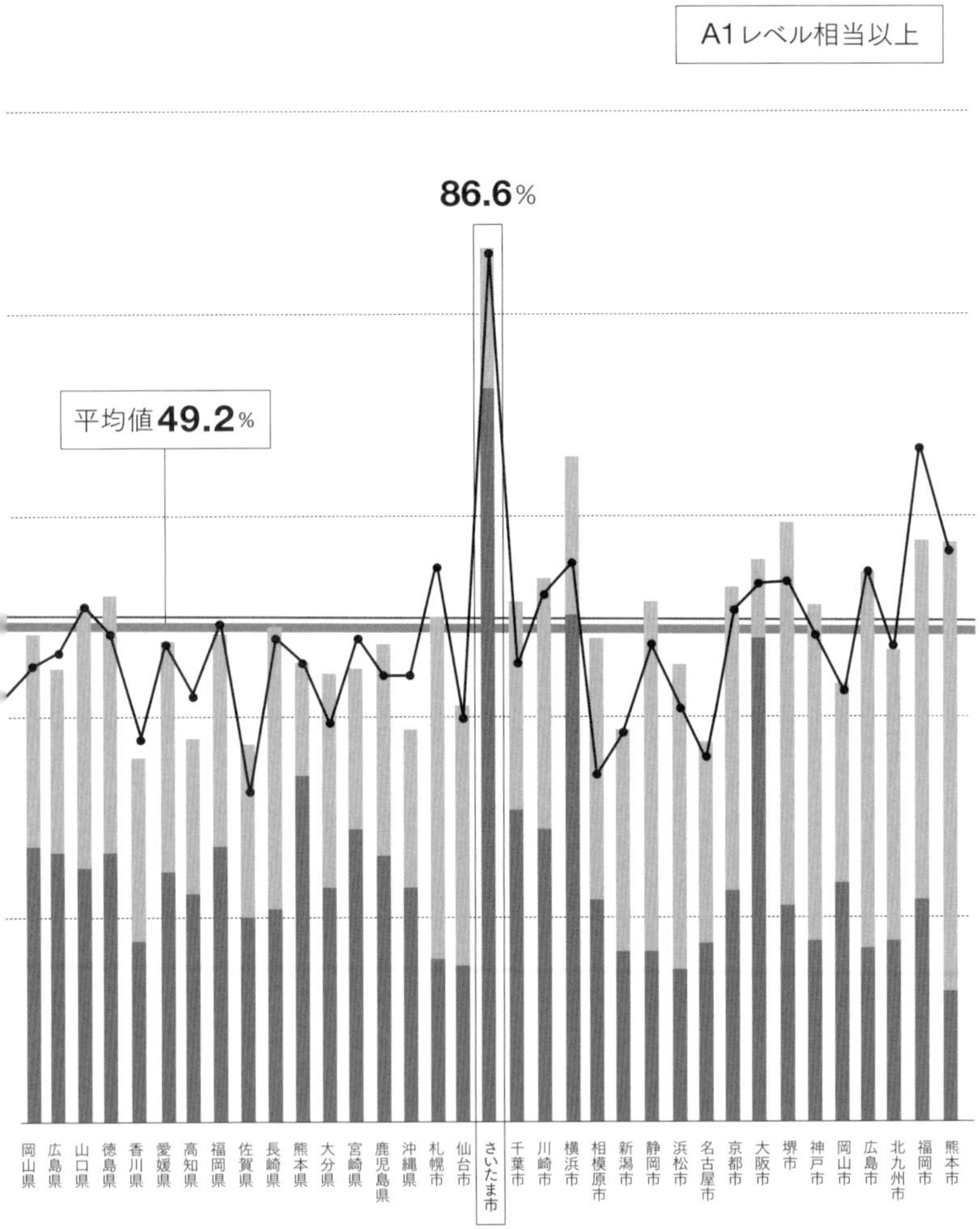

文部科学省「令和4年度『英語教育実施状況調査』概要」より作成

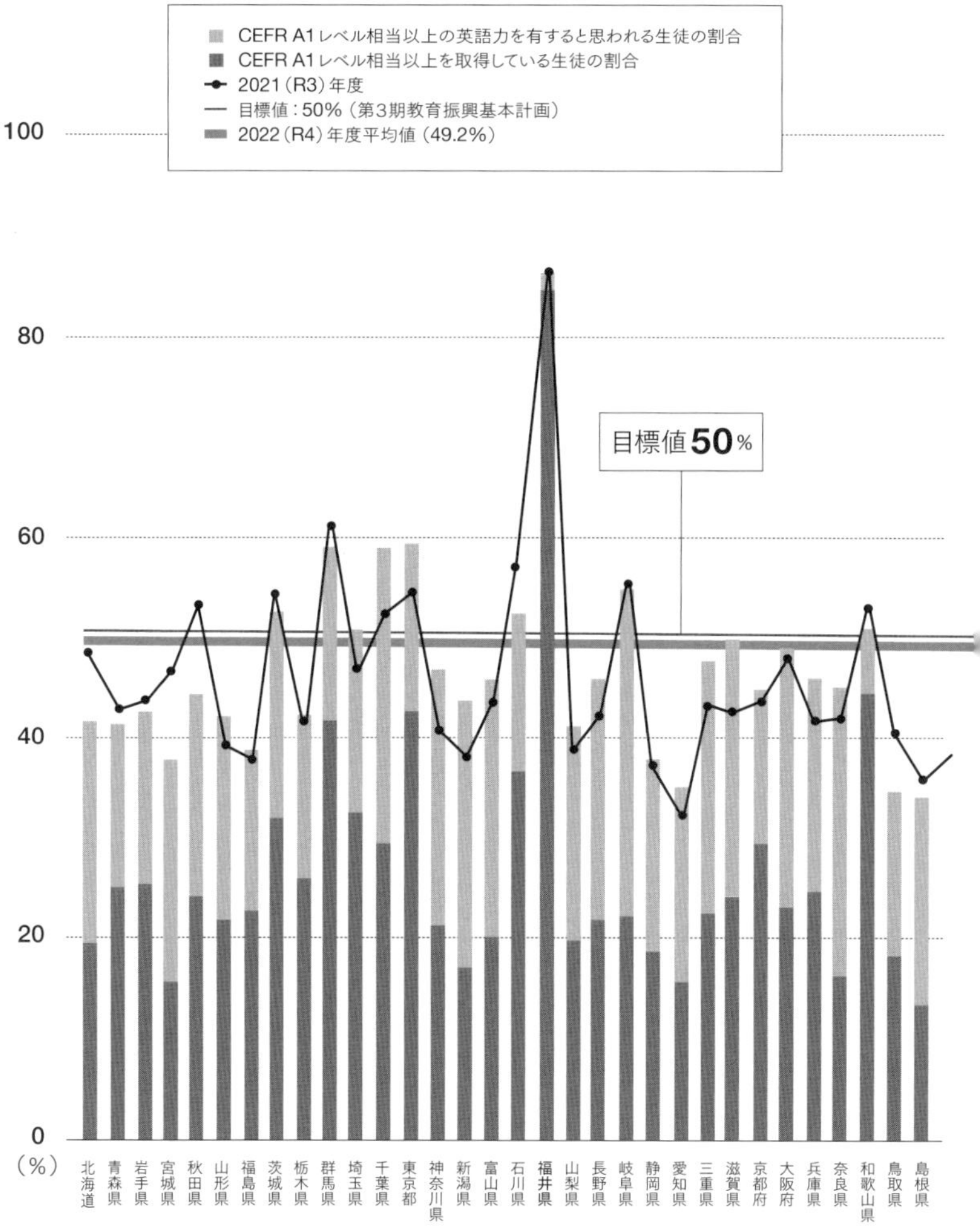
CEFR A1レベル相当以上の英語力を有すると思われる生徒の割合
CEFR A1レベル相当以上を取得している生徒の割合
2021（R3）年度
目標値：50%（第3期教育振興基本計画）
2022（R4）年度平均値（49.2%）
目標値50%
100
80
60
40
20
0
（%）
北海道
青森県
岩手県
宮城県
秋田県
山形県
福島県
茨城県
栃木県
群馬県
埼玉県
千葉県
東京都
神奈川県
新潟県
富山県
石川県
福井県
山梨県
長野県
岐阜県
静岡県
愛知県
三重県
滋賀県
京都府
大阪府
兵庫県
奈良県
和歌山県
鳥取県
島根県

図表1-4に、2022（令和4）年度の同調査、「中学生の英語力」（都道府県・指定都市別）の結果を掲載していますが、地域差が大きいことがお分かりになると思います。

文部科学省は、特に課題が見られる自治体の状況を把握・分析し、英語教育の改善・充実につなげることが必要であると分析しています。

子どもたちのポテンシャルは、こんなもんじゃないわよ！

私がさいたま市にご縁をいただいたのは2011年度。そもそも埼玉県採用の高校教師だった私は、県教育委員会で教育行政を経験していたといえども、さいたま市のことは、ほとんど知りませんでした。なぜならば、さいたま市は、政令指定都市であり県教育委員会とほぼ同等の権限を有する別組織のため、詳細なデータを入手して分析したことはなく、権限もなかったからです。

ところが、さいたま市教育委員会事務局職員となって、改めてさいたま市立学校の児童生徒の実態を調査してみると、子どもたちのポテンシャルの高さに目を見張りました。

図表1-3の通り、2017（平成29）年度の「英語教育実施状況調査」によれば、CEFR A1レベル（英検3級）相当以上を達成したさいたま市の中学生の割合は58・9％。当時、すでに国の目標値50％をクリアしていて、これで十分と考えるのが一般的かもしれません。

しかし、私は、「仕組み」を工夫すればもっともっと伸びると直感しました。

つまり、「子どもたちのポテンシャルは、こんなもんじゃないわよ！」と思ったわけです。

とは申しましても、子どもたちの潜在能力については、さいたま市が特別な自治体であるわけではありません。

さいたま市立学校で学ぶ子どもたちは、10万5000人。地域の特徴も家庭環境も、様々です。人口が増加し続けている地区もあれば、児童生徒数が減少している地域もあります。その点からも私たちは、さいたま市は、ある種日本の縮図みたいなところがあると考えています。

そんな地域差、凸凹がある中、私たちは、すべての子どもたちに「世界基準の英語力」を届けるために、長い間チャレンジし続け結果を出してきました。

ここで私が申し上げたいことは、**子どもたちの可能性を諦めないでいただきたい**ということです。

さいたま市「グローバル・スタディ」へのチャレンジ

地域差のある外国語（英語）教育

「グローバル・スタディ」について説明する前に、まず簡単に義務教育段階の外国語（英語）についておさらいしておきましょう。

図表1-5をご覧ください。

図表1-5　全国の外国語教育との比較

	全国		さいたま市		
	授業	検定教科書	授業	テキスト	
小1	必修ではない（地域差あり）	×	グローバル・スタディ	○	小1・2にはDVDも
小2		×		○	
小3	外国語活動	×		○	
小4		×		○	
小5	教科	○		○	
小6		○		○	
中1		○		○	
中2		○		○	
中3		○		○	

2020年度学習指導要領改訂実施に伴い、**小学3・4年生**では「**外国語（主に英語）活動**」、**小学5・6年生**では外国語（英語）が「**教科**」と位置付けられました。2020年度より前も、5・6年生を対象に「外国語活動」が行われていましたが、2020年度以降は明確に、小学校で英語学習のスタートを切ることになりました。

小学1・2年生は必修ではないため、地域や学校により導入具合に差があります。

テキストについて、説明します。

検定教科書があるのは小学5年生から中学3年生までです。

さいたま市立学校に通う義務教育段階小1から中3までの10万人の子どもたちは、全員、さいたま市オリジナルテキストを手にしています。さいたま市のオリジナル教科である小学1・2年生と、学習指導要領上、外国語活動である3・4年生は、検定教科書がありませんので、このテキストがメインテキストになります。そして、検定教科書がある小学5年生から中学3年生までは、サブテキストとして活用しています。

テキストだけではなく、小学1・2年生にはDVDも活用しています。このDVDについては、後ほど説明します。

まずは、**現状の外国語（英語）教育は、地域差がある**ことをご理解ください。

「グローバル・スタディ」ってなに？

文部科学省から「グローバル化に対応した英語教育改革実施計画」が公表されたのは、2013（平成25）年のことです。

さいたま市ではこれを受け、国に先駆けて、英語によるコミュニケーション能力を育むとともにダイバーシティ（多様性）を理解し、つないでいくことの大切さを伝える独自の英語教育「**グローバル・スタディ**」に着手することにしました。

2015年度、英語教育研究開発モデル校での実践からスタートし、2016年度より全市立小中学校で実施し2023年度で8年目を迎えます。

さて、「『グローバル・スタディ』ってなに？」というご質問にお答えするには、さいたま市のオリジナル教科である小学1・2年生の授業の風景をお伝えするのが一番でしょう。ある小学校2年の「グローバル・スタディ」の授業風景です。

小学校の教室からあふれる韻を踏むような英語のフレーズが聞こえてきます。

"What sports do you like?"
"I like baseball. Watch me." "Good."
"I like soccer. Watch me." "Good."

軽快なテンポに、思わずこちらの体も動き出します。

子どもたちが、DVDの映像を観ながら、聞こえてくる英語のリズムをつかみリフレインする英語学習法「チャンツ」で授業が始まります。

とにかく楽しそう。教室に先生は2人。学級のグループダイナミクスを把握している担任教師と、英語の楽しさを生きた言葉で表現できるネイティブ教師との絶妙なティーム・ティーチングが展開されています。日本語の説明は一切ないのですが、子どもたちは、DVDのドラマの内容を理解しているのです。

登場人物は宇宙人の女の子NICOと、ネイティブの英語の先生ANNA。

2人の楽しいやり取りが中心のこのDVDは、NHKエデュケーショナルと共同制作した、さいたま市教育委員会のオリジナル教材です。私も、登場人物のキャラクター設定から議論に加わり、子どもの発達段階や興味関心に合わせて制作した力作です。

これが、さいたま市の子どもたちの英語学習、「グローバル・スタディ」での学びのスタートです。

授業では、必要な情報を正確に把握したり、自分の考えを表現したりする活動などを通して、**「聞く」「話す」「読む」「書く」の四つの技能（4技能）をバランスよく学習**していきます。また、単なる語学習得にとどまらず、各教科等とも関連させながら、我が国やさいたま市の伝統や文化への理解を深め、日本人としてのアイデンティティを醸成するとともに、将来の夢や進路とも関連付け、よりグローバルな視野を持つ生徒を育成することを目指しています。

名称に関しては、英語の学習を通して、地球的な視野に立ち、世界の中の日本を意識させながら、自分の考えを持つこと、そして主体的に課題を解決することや異文化を理解し、他者を尊重する心を育てることなど、**グローバル社会を生き抜く力を育成したいとの考え**から「**グローバル・スタディ**」としました。

群を抜いた授業時間の多さと指導体制の充実

授業時間の多さは、他の追随を許さないと思います。

図表1-6が「さいたま市立小学校・中学校と全国の標準授業時数の比較」です。小学校では、全国の学習時間の約2倍、中学校では3年間で標準時数より51時間多い授業を実施しています。

図表1-6　さいたま市立小学校・中学校と全国の標準授業時数の比較

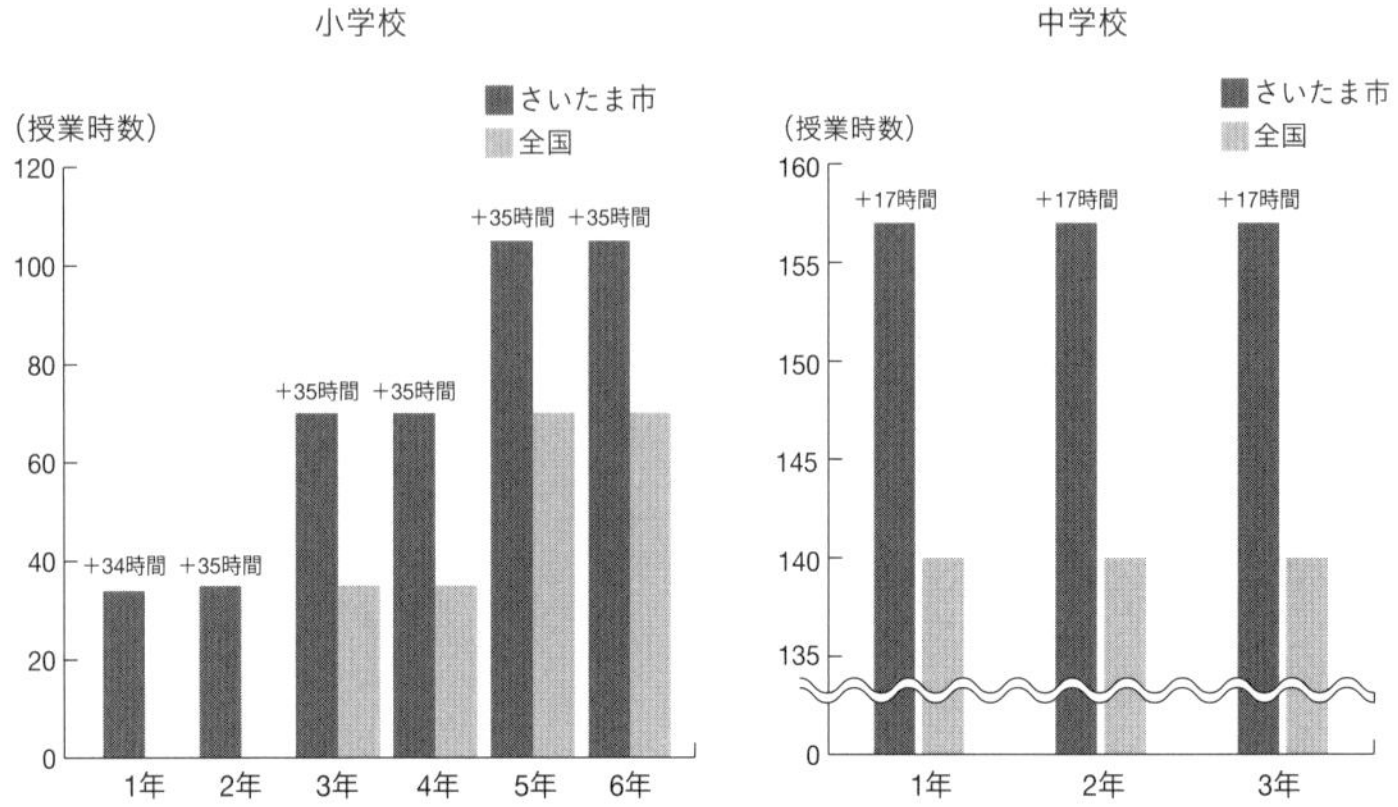

その豊富な学習時間の中で、発達段階に合わせ「聞く」「話す」「読む」「書く」4技能を非常にバランスよく学んでいます。

授業時間の多さについて、説明します。

安心してください。さいたま市立学校の総授業時間数が多いわけではありません。

では、なぜ豊富な授業時間が確保できるのか。

それは、「**総合的な学習の時間**」を効果的に活用しているからです。

「総合的な学習の時間」には、「**国際理解、情報、環境、福祉・健康などの現代的な諸課題**」について**教科横断的に学ぶ手法**が位置付けられています。私たちは、「国際理解」について、できるだけ英語を使って諸課題に迫っていく学びを「グローバル・スタディ」のカリキュラムの中で実践していくことにしました。

そして、そのことが、この教科の一番の特徴である「英語は世界を見る窓」という考え方につながっています。

つまり、**英語は、世界の様々な価値観を知る窓であり、文化や生活習慣等の違いから生じる様々な意見をつないでいく、とても便利な道具である**ということです。

指導体制もとても充実しています。すべての中学校への外国語指導助手（ALT）の配置はもとより、小学校の指導体制にも工夫があります。

小学校では、担任または専科の教師と、グローバル・スタディ科非常勤講師、またはALTとのティーム・ティーチングを実施しています。とにかく**ネイティブ教師の授業をふんだんに取り入れている**のです。

この指導体制には、**人材確保が大変重要**です。

2018年度より、さいたま市独自でグローバル・スタディ科専科教員の採用を始めました。

2023年度には、82校に専科教員が、そして、残りの22校には英語非常勤講師が配置されています。つまり、**全小学校に、英語の専門教師**がいてそれぞれの学校で大活躍しているのです。

また、**ＡＬＴの採用も積極的に進めています。**こちらも、２０２３年度時点で、１４８人のＡＬＴを本市独自で採用し、配属された各学校で大いに力を発揮しています。

さらに、私たちは、**単独で授業ができる英語ネイティブの教師**を、他の教科の教師と同様に採用試験で12人採用しました。国籍は、アメリカ、イギリス、スリランカ、フィリピン、ルーマニアなど多様ですが、英語が母語か第二言語の教師です。採用後、特別免許を交付するため、単独で授業ができるだけでなく、担任や学年主任も担うことができ、本人がチャレンジすれば管理職にもなれる仕組みをつくりました。

私たちの「グローバル・スタディ」は、このように**群を抜いた授業時間の多さと指導体制の充実で支えられている**のです。

第2章

仕組みから変えた公立学校10万5000人の英語教育「さいたまメソッド」

第1章でさいたま市の英語教育
「グローバル・スタディ」について
簡単にご紹介しましたが、
教育関係者には少し物足りない説明だったかもしれません。
どのように実現しているのか
綿密に計算された「さいたまメソッド」の裏側を明かします。

「グローバル・スタディ」を柱とした英語教育「さいたまメソッド」

小・中9年間を「4・3・2制」で捉えたカリキュラム

本書の冒頭「はじめに」で、私たちが英語教育改革を成し遂げることができたのは、さいたま市という大きな自治体に合った「さいたまメソッド」という仕組みを見つけることができたからだと申し上げました。

ここからは、「さいたまメソッド」について、説明します。

「さいたまメソッド」の大きな柱が「グローバル・スタディ」だということは、これまでのお話でお分かりいただけたと思います。では、ここで、カリキュラムについて紹介します。少し専門的な内容ですが、お付き合いください。

「グローバル・スタディ」では、小学校と中学校の9年間を学校種にかかわらず、発達段階に着目し、次のように「4・3・2制」で捉えたカリキュラムを策定しました。

第Ⅰ期　小学1年生〜4年生（基礎・基本定着期）

小学1年生〜4年生は、言語機能が急速に発達し、大人との通常の日常会話を交わすことが可能になる時期ではありますが、抽象的な思考はまだ難しい段階です。

そこで、小学1・2年生では、歌や踊り、ゲームなどを取り入れ、英語に慣れ親しむことを主眼に置いた活動を行います。また、小学3・4年生では、自己紹介を含むあいさつや買い物など日常生活の会話を中心とした活動を行うとともに、文字についての学習を導入し、アルファベットに慣れ親しむ活動を開始します。このような学習を積み重ねることで、国語科との関連を図り、日本語と英語の共通点や相違点にも気付かせます。

さらに、ALTとの活動や、外国の年中行事などを取り入れ、外国の文化や生活と出会うことで、楽しみながら自然な形で国際理解の基礎を培います。

特に、1・2年生では、教師からの称賛や励ましにより、設定した目標達成が可能になるよう、形成的な評価を心がけます。

第Ⅱ期　小学5年生～中学1年生（基礎・基本拡充期）

小学5年生～中学1年生は、少しずつ物事を客観的に捉えるようになり、物事を分析し、主体的に課題を解決したり追究したりすることが可能になります。また、自己中心性も脱してくる時期であり、自分の活動が他者に与える影響を考慮することも可能になり、社会的な相互作用を理解する基礎が形成されます。

この時期には、小学1年生から4年生までに育んだコミュニケーションへの意欲を土台として、さいたま市や日本についての理解を深め、その伝統や文化について自分の考えなどを表現する活動を行います。また、小学3・4年生でのアルファベットについての学習をもとに、「読むこと」「書くこと」といった文字についての学習を行い、知的好奇心を満たす学習内容とする一方、協働的な学習を行うなど指導方法の工夫により、相手を思いやり、協調して取り組む心を育むなど、子どもたちの発達の段階に考慮した多様な学習活動を展開していきます。例えば、よく用いる英語の語句を書き表す学習等を行ったり、日本各地や世界各国の名所や文化について紹介する学習、さいたま市を訪れた外国人を案内する学習などを協働的に取り組んだりします。

このように、小学5・6年生では、小学1年生からの系統的な学習により身に付いた基礎・基本を拡充しながら、中学1年生への接続を十分に意識した指導を行い、また、中学1年生においては、小学校での学習内容を踏まえ、基礎・基本の一層の拡充を図るとともに、第Ⅲ期への接続についても十分配慮します。

第Ⅲ期　中学2年生～3年生（発展・充実期）

中学2・3年生は、義務教育の完成期として、知識や技能、論理的思考力など今まで身に付けた力の発展・充実を図る時期です。一方、自意識と客観的事実の違いに悩み、様々な葛藤の中で自らの生き方を模索し始め、仲間からの評価を強く意識する半面、他者との交流に消極的な傾向も見られる時期でもあります。

ここでは、今まで学んだ知識を、実際の場面で活用することを通して、自ら課題を見つけ、判断する力を身に付けます。具体的には、ALTとの英語でのコミュニケーションをはじめとして、様々な外国人と交流する体験を積み重ね、国際感覚を持って、堂々とコミュニケーションを図ることができるようにすることを目指します。

また、ディスカッションなどの活動を通して、論理的な思考力を身に付け、グローバル社会の中で、主体的に行動し、社会に貢献することができる力を育んでいきます。さらに、さいたま市独自のカリキュラムでは、日本やさいたま市の伝統や文化について深く知り、英語を使って実際に伝える活動など、コミュニケーションを積極的に図る機会を拡充します。

以上が、「グローバル・スタディ」の9年間のカリキュラムです。これが「さいたまメソッド」の仕組みの一番太い柱です。

各学校で自走するためのツール「オリジナル教材」

どんなに素晴らしいカリキュラムを用意しても、そこに魂を入れるのは各学校の教室で展開される授業そのものです。第1章でオリジナルの教材についてご紹介しましたが、実は児童生徒のためだけではなく、活用する教師や授業の進行のことを十分に考慮した内容としています。

以下、教師がどのように活用するかに絞って簡単に説明します。

・テキスト

検定教科書がある学年では、各レッスンのテーマや使用言語、文法事項に準拠した発展的な「プログラム」が複数用意されています。各クラスの単元の進度やグループダイナミクスに合わせて、その中からいくつかを選び様々な言語活動が実践できるように作られています。

・指導資料・CD

児童生徒用のテキストだけでなく、授業実践をサポートするためにテキストに準拠した教師用指導資料があり、丁寧な解説や指導案、ワークシートなども用意されています。さらに、ワークシートを教師が負担なく使えるようにCDも配布しています。教師は、そのCDの電子データをそのまま使って手軽にワークシートなどを活用しています。

・DVD

第1章で紹介した小学1・2年生用のDVDは、発達段階による言語習得のメカニズムを踏まえて制作しました。

小学1・2年生は、集中できる時間が短い発達段階のため、この年代の児童にとって、語学学習は短時間で回数を多く実施できる帯の授業を取り入れることが効果的です。そこで、15分程度のモジュール方式で活用できるようにしました。また、自分と近い設定に親しみを覚えやすい時期のため、登場人物は児童と同年代に見える宇宙人の女の子NICOと、ALTの先生をイメージするネイティブの英語の先生ANNAにして、自分自身がDVDの登場人物になったような気分で授業に参加できるようにしました。「チャンツ」や歌、ダンスで、全身で英語を楽しみ、英語の音の貯金をするのには、ぴったりの教材です。

実際に使用している教師からは「英語の指導に自信がなかったが、DVDを使って子どもたちと歌ったりダンスしたりしながら、指導のブラッシュアップもできた」という声が上がっています。このコンテンツにも、指導者用のデータが付いていますので、こちらも教師が負担なく授業を進めることができます。

なお、このDVD「Global Studies with NICO and ANNA ~小学校1・2学年『NICOがやってきた!』編~」は、他の自治体にも制作実費のみで提供しています。

アウトプットの重要性を認識した様々な実践

インプット↓アウトプット↓もっとインプット
エコ循環がモチベーションを高める

「グローバル・スタディ」の日々の授業では、**十分なインプットから豊かな言語活動をふんだんに取り入れたアウトプットが徹底**されています。

インプットからアウトプットは、「グローバル・スタディ」の中で最も大切にしている言語活動ですから、**発達段階に合わせて、日常の授業の中で様々な形で実践**されています。

小学校低学年では、友達との楽しいやり取りの中で伝え合う活動や、単元のまとめでは「絵」

や実物を見せて、自分の好きなものや自分の調べたことについて発表します。

小学校中学年では、日本の四季について意見を交換したり、ALTの国の季節についてインタビュー活動をしたりします。そして、単元のまとめでは「ミニプレゼンテーション」でパワーポイントを使って「美しい日本の四季」と題して自分のリサーチしたことを発表します。

小学生も高学年になると、アウトプットの方法も「スピーチ」「プレゼンテーション」「紙芝居」そして「ドラマ」と多岐にわたります。テーマも日本の伝統文化や科学技術について広く知ってもらうことや、社会課題にもどんどん目を向けていきます。

中学生は、4技能をバランスよく、毎時の授業の中で展開していますが、とりわけ「話すこと」は、「やり取り」と「発表」の2領域を大切に実践しています。「ディベート」にもチャレンジしています。全校、全クラスで無理なく導入できるよう、日常的な「テーブルディベート」から本格的な「ディベート」に段階的にチャレンジするプログラムになっています。

このように、**日常的に英語で自分の考えを発表したり、意見交換したりしていると、子どもたちは、教室の外でもアウトプットしたくなります。**もっとリアルなコミュニケーションの場面で活用してみたいと思うようになります。

そこで、さいたま市教育委員会は、そんな場面をたくさん用意することにしました。「英語は言葉なんだ！　誰かとコミュニケーションできたら、こんなに楽しいんだ！」ということを体験すると、もっと勉強したくなります。

インプット→アウトプット→もっとインプットというエコ循環が、学習へのモチベーションを高めます。学びってそういうものです。

豊富なアウトプットの体験が子どもたちをさらに意欲的にした

英語は、コミュニケーションのツールです。

人間は本質的に「人とつながりたい」という欲求があります。

英語でコミュニケーションする喜び、自分とは異なる文化や生活習慣を持った他者と、理解し合うことの喜び。そういった**体験が、子どもたちを、主体的で自立した学習者に成長させます。**

私たちは、次のような様々なアウトプットの機会の中から、子どもたちの確かな成長を実感しています。

小学校のドラマコンテスト

２０１７年から、小学生のドラマコンテストが始まりました。

小学生が、小さな体を大きく使い、英語で「桃太郎」を演じる姿は、観客を魅了し、笑いを巻き起こし、時に涙を誘います。

演じている小学生は、その観客の姿を目の当たりにし、英語がコミュニケーションの手段であり、人を感動させることもできるんだと気付きます。そして、さらに学習への意欲が高まります。

さいたま市国際ジュニア大使

さいたま市国際ジュニア大使は、さいたま市教育委員会から認証された、さいたま市を世界に知ってもらうための「大使」の役割を果たす、小・中・中等教育学校の生徒たちです。ジュニア大使の任務は、市内で行われる観光、文化、スポーツのイベント等において、外国の方と交流したり、さいたま市や日本の魅力を伝えたりすることです。

２０１７年度から２０２３年度までで、のべ２１５９人が認証され、大活躍しました。

これまで、「さいたまクリテリウム」や「さいたま国際マラソン」等の、市が主催する様々な国際イベントにおいて、外国の方を英語で案内する活動等を元気に担ってきましたが、コロナ禍で、実際に対面で活動をすることが困難になってしまいました。

そこで、コロナ禍は、デジタルを使った活動に切り替えました。オーストラリアや香港の子どもたちの「日本語」の授業にゲストティーチャーとして参加し、英語で日本文化やさいたま市の紹介をしたり、日本の魅力を伝える動画を作成し世界へ向けて発信したりしました。

動画制作は、ジュニア大使である子どもたち自身が、企画から、取材、シナリオづくり、そして英語での紹介ビデオ作成まですべてこなし、コロナ禍だってできることはあると言わんばかりに、積極的にチャレンジしました。

作成した動画はユーチューブにアップロードしています。ぜひ、ご覧になってください。
■ Saitama city International Junior Ambassador　https://www.youtube.com/channel/UCJS-fwjqeib-73vtKd1lnpQ

中学生の英語スピーチコンテストとディベート大会

中学生は、「グローバル・スタディ」での成果を、英語スピーチコンテストとディベート大会で大いに発揮しています。

英語スピーチコンテストは、歴史が古く、さいたま市誕生の時から実施しています。

年々レベルが上がり、埼玉県大会も勝ち抜き、高円宮杯全日本中学校英語弁論大会に出場する生徒も出ています。

ディベート大会は、2017年からの取り組みです。「グローバル・スタディ」におけるディベートへの取り組みが徐々に浸透し、2023年度の大会は、14チームが参加し熱戦を繰り広げました。

市立浦和高等学校のインターアクト部が全国高校生英語ディベート大会で6回の全国優勝を成し遂げたばかりでなく、浦和中学校も4回の全国優勝を果たしていますので、これからも多くの市立中学生がディベートの力を付け、「ディベートのさいたま市」と名をとどろかせてくれるのではないかと期待が膨らんでいます。

中学生の国際交流

さいたま市では、2001年より、姉妹都市であるニュージーランド・ハミルトン市に市立中学生等を派遣しています。新型コロナウイルス感染症拡大の影響により、4年間派遣することができませんでしたが、2023年度は、市内58中学校と中等教育学校の前期課程の生徒から選抜された66名が、ニュージーランドの交流校で、ワクワク・ドキドキの異文化を体験しました。

私は、駆け出しの英語教師の頃から、国際交流のプログラムで、オーストラリアやアメリカ合衆国などに多くの生徒たちを引率してきました。そして、引率する時にはいつもこのように語りかけます。
「地球上には80億を超える人々が、様々な言語・生活習慣を持ち生活している。生涯を通じてどれだけの人と巡り会い語り合えるだろうか。中学・高校時代という最も多感な時期に、自分を解放し、相手をありのままに受け入れる。そんな体験をしてみよう。きっと君たちの中の何かが変わるはずだ。さあ、人生観を変えるような本物の体験をしよう」

一人の例外もなく、参加した生徒たちの何かが変わりました。

外国での経験は貴重です。**日本の外には、はるかに広い世界があることを体感し、外国から日本を見たり、考えたりする経験は、新たな気付きや発想をもたらし、成長の糧になります。**

実は手放しで**楽しい経験だけではない**のです。私自身がそうだったように、**うまくいかない経験や深く考えさせられる出来事も含まれます。**でも、言葉は100%通じなくとも、互いが相手を理解しようと努力するリアルな体験は、将来、世界の人々が心豊かに暮らしていくために何らかの形で役立ちたいという思いを育てます。

世界の隣人たちの幸せを願い行動できる大人になることを心から願い、このプログラムを実施しています。

小・中・高生 English Camp

小学生から高校生までの異年齢が参加する English Campを、2017年から実施しています。参加者は小中学生100名、高校生10名。英語ネイティブの先生たちと共に、2泊3日の英語漬けの体験学習です。高校生は、計画段階から参画し、オリジナルのプログラムも開発します。そして、指導者や各グループのチューター役を担ったりもします。

プログラムは「アイスブレイキング→Our Project（グループごとに紹介するテーマを選び英語でプレゼンテーションする）→オリエンテーリング→キャンプファイヤー」となっていて、徐々にチームビルドがなされる構成になっています。

英語、異年齢、五感を使った体験学習という、とてもユニークなプログラムです。

私も、毎年参加していますが、2019年8月21日、私がキックオフのあいさつをし終わったその時、参加者全員から"Happy Birthday"の大合唱が巻き起こりました。そうです。その日は私のお誕生日だったのです。

感動の English Camp。一生の思い出となりました。

小学校の教師こそ充実した英語研修が必要です！

5年間で、すべての小学校の先生対象にネイティブ研修実施！

小学校の教職課程で英語の指導法に関する単位の取得が必要になったのは2019年度からですから、それ以前に小学校の教師になった皆さんは、教員免許状を取得する際に英語の指導をするための教職の科目等を取得していません。

もちろん、小学校の教員免許は、小学校で学習する全教科を教えることを可能にしていますので、違法ではありませんが、若い教師はともかくとして、ベテランの教師は、自分が英語を教えるとは夢にも思っていなかったと思います。

そこで私たちは、さいたま市立小学校に勤務している教師を対象に英語研修、それも英語ネイティブ講師による英語漬けの研修を実施することにしました。グローバル・スタディ専科採用の教師や、CEFR B1以上取得の小学校教諭を除いた約2000人全員を対象にした5年計画の悉皆《しっかい》研修です。そして2023年度、対象者全員が研修を終えたところです。

正直、スタート時点は、この研修会に参加することに抵抗感があった教師もいたと思いますが、参加後は、皆、本当に満足そうな表情をされていたことがとても印象的でした。異口同音に、「楽しかった」とおっしゃるのです。英語で、全身を使って歌ったり踊ったりする躍動感、英語をコミュニケーションの手段として使い、意思疎通ができた時の爽快感を実体験し、子どもたちに英語を学ぶことは楽しいということを伝えたいと実感したのです。

そして、自分自身の英語力を高めることのみならず、参加者同士が教授法や指導案についての意見交換などを積極的に行っている姿は、小学校教師の学びに対する真摯さがひしひしと伝わってきました。その姿勢は、研修会後も続き、英会話スクールに主体的に通う先生がいたり、校区で勉強会を立ち上げたり、仲間内で学びのプラットフォームをつくり、グッドプラクティスを共有したり、頭が下がるほど研究熱心でした。

教員免許取得の際、**英語の指導法に関する学びをしていない小学校教師にこそ、充実した研修を提供し、自信を持って教壇に立てるようサポートすることが大切**ではないでしょうか。

グアム大学での語学研修にチャレンジ

そんな熱心な小学校教師を目の当たりにして、私は、ぜひ、彼ら彼女らに海外研修のチャンスを、と考えるようになりました。

さいたま市立小学校の中に、グアムの小学校との交流を続けている学校がありましたので、私は、これを活かそうと考え、善は急げとばかり、早速グアムに行きグアム大学と交渉を始めました。

2019年の7月です。日本に一番近い、英語圏の一つであることなどから、費用面でも抑えられますので、大学のドミトリーを活用し、小学校教師に対する**TESOL**のプログラムを実施することとしました。

TESOLとは、Teaching English to Speakers of Other Languages の略であり、**英語を母国語としない生徒に英語を教える教授法**です。小学校の教師に、英語を教えることに対して自信と実力を付けてもらいたかったのです。

しかし、残念ながら、その後、新型コロナウイルスのパンデミックが私たちを襲い、このプログラムを実施できないまま現在に至っています。

いつの日か、小学校教師に海外研修が実施されることを願っています。

エビデンスとデータに基づいた指導が学校を変えた

民間テストの導入は「勘と経験と根性」からの脱却を促した

私は、「グローバル・スタディ」の授業を参観した時に見た、子どもたちの楽しそうで元気いっぱいのキラキラした眼差しと、先生たちの躍動感あふれる授業風景について、客観的に見極める必要があるのではないかと思うようになりました。

何がどう良いのか？

何に課題があるのか？

子どもたちの強みと弱みは？

授業は子どもたちの知りたいに応えているのか？

つまり、これまで、「勘と経験と根性」（私は3Kと言ってきましたが）でやり抜いてきた教育現場ですが、そろそろ「どれくらい良くなっていて」、「どこをどうしたらもっと良くなるのか」を、皆、知るべきだと考えたのです。


エビデンスとデータに基づいた指導の必要性を痛感したのです。


そこで、私たちは、2018年度より民間テストを導入することにしました。

中学生全員に、日本英語検定協会の英検IBA、そして中学2年生にはベネッセコーポレーションのGTEC（Global Test of English Communication）を採用しました。その後、小学6年生全員に英検ESGを導入しています。


英検IBAは、学年ごとの学習到達目標や現状の英語能力に合わせたテストレベルを選択し、日々の授業での学びの成果を「英検級レベル」だけでなく、「CEFRレベル」に照らし合わせて理解することができます。生徒一人ひとりの英語能力の把握のみならず、日々の授業改善にも活用できるものです。

GTECは、英語運用能力を、技能別に絶対評価で測定するテストで、「読む・聞く・書く・話す」の4技能を測定できます。日常生活の中で実際に起こり得る状況や場面において、英語でのコミュニケーション力の習熟度を、絶対的・客観的な尺度で測定するものです。

近年、GTECのスコアを入試活用する大学も多くなっており、定評のある4技能テストです。さいたま市では、中学2年生〜3年生レベルのGTEC Coreを採用し、中学2年生の夏に実施することにしました。

民間テスト導入については、さいたま市は1学年約1万1000人の児童生徒が在籍している大きな自治体ですので、試験費用をしっかり確保していくことが大変でした。

この民間試験をどのように活用していくか、そしてどのようなメリットがあるかを皆で議論し、その甲斐あって財政当局にも納得していただくことができました。

しかし、導入だけでは、英語教育改革「さいたまメソッド」としては十分ではありません。実施後の取り組みこそが、大変重要な施策になりました。

データ分析で自分たちの授業を客観的に見る窓を持った教師たち

高校教師にとっては当たり前の文化ですが、義務教育段階の教師にとっては、テスト結果を分析し研修会や教科会でそのデータに基づいて指導方法について議論するという取り組みはあまりなじみがないようでした。

私は、指導主事たちと話し合い、**テストの結果分析をそれぞれのテストを主宰している法人の研究員に行っていただくこととしました。**データの分析は、私たち教師よりテスト作成の意図が分かっていて、何よりもビッグデータを分析できるその道のプロフェッショナルの力を借りた方が、絶対効果的です。それは、自明のことです。

そして、子どもたち一人ひとりの総合的な英語力を一覧性の高い資料で提供してくれるその分析結果は、教師の心に火を付けました。

まず、さいたま市全体のテスト結果の分析を全体研修で解説していただきます。

「この設問の意図はここにあり、日々の授業実践でこの言語活動が子どもたちに定着しているかを見ることができます」などと、全体像の解説は、本当に明快でした。

その後、学校ごとの結果分析を、1on1（ワンオンワン）で行います。複数のブースを用意して、丁寧に時間をかけて解説してもらいます。


これが圧巻でした。


学校によっては、英語科の教師のみならず校長や教頭まで参加して、自校の強みと弱みを客観的に把握します。参加した中学校校長は、これまでテスト結果の分析という文化が中学校になかったので、目から鱗だったと、興奮気味に話してくれました。

その後、各学校の分析シートと共に受験した生徒全員の個別の結果シートを学校に持ち帰ります。そして、自校の分析シートをもとに、職員研修会や教科会を開き、教職員が授業の振り返りや指導法の検討を行います。同時に、教科担任が、自分の担当クラスの生徒の個別の結果シートを一人ひとりにフィードバックします。

この一連のエビデンスとデータに基づいた分析は、学校以外の様々な業界では当たり前に行われていることだと思いますが、学校、とりわけ義務教育段階の学校ではとても新鮮だったようです。

学校は、組織になり切っていないとよく言われます。

教師一人ひとりは、子どもたちのために、本当に一生懸命やっています。でも、残念ながら、学校は相互不干渉な職場が多いです。授業や学級経営は、最前線の現場にいる教師一人ひとりに裁量権があり、隣の学級でどんな授業をやっているのかが見えにくい、もしくは個業化が進みチームで議論しながら改善していくことが難しくなっています。とりわけ、互いの教科指導や学級経営に関しては不干渉であり、時に口出しはタブーでした。そのような中、このテスト結果分析が、学校を変えたのです。

教師は、データ分析で自分たちの授業を客観的に見る窓を持ちました。

そしてこのことが、**教職員が切磋琢磨し学び合う関係性を築くことにつながり、組織マネジメントが進むこととなりました。**

自前主義をやめたことで見えてくるもの

学校は、長い間、「自前主義・純血主義・形式主義」でやってきました。

子どもの教育は、「自前主義：何もかも教師が（教師がやらなきゃ誰がやる）」、「純血主義：教員免許状を持っている教師が（免許法を遵守しなければならないから）」、「形式主義：これまでのやり方を大切にして（前例踏襲主義）、学校内で（安全だから）」という使命感で教育活動を実践してきました。

本当に頑張ってきたと思います。

でも、**そろそろ、力を貸していただけるところは門戸を開いたり、専門家に任せられるところは任せたりする時ではないでしょうか。**

さいたま市教育委員会では、思い切って、餅は餅屋、その道のプロフェッショナルに力を貸していただくことにしました。

その一つが、この英語の民間テスト導入です。

適切に、子どもたち一人ひとりの伸びを把握できるテストの自作は難しいです。採点も負担です。しかも英語4技能の採点には、相当な労力がかかります。客観的な分析、他自治体等を含めたビッグデータの分析は不可能です。

でも、それを専門的にやっている教育産業の力を借りることができれば、本当に楽です。こんなに楽で効果的ならば、やらない理由がありません。

これこそが教育の質を向上させながらできる「学校の働き方改革」となるのです。

予算を確保しましょう。

そして、私たち教師一人ひとりのマインドセットを変えましょう！

自前主義をやめることで、きっと、子どもと教師の笑顔が見えてきます。

全国学力・学習状況調査も中学校英語で実力発揮

「全国学力・学習状況調査」でも証明された力

2018（平成30）年度の「英語教育実施状況調査」において、一躍全国1位に躍り出たさいたま市の結果について、疑心暗鬼な方もいらっしゃったようで、その実力が本物かどうかという意見もありました。

それを払拭《ふっしょく》したのが「全国学力・学習状況調査」の初めての中学校英語です。

私は、英語教師として積んだ長いキャリアと、指導主事や教育長として多くの授業観察をしてきた実感から、子どもたちは確実に力を付けてきていると自信を持っていました。ですから、2019（令和元）年度の「全国学力・学習状況調査」の中学校3年生英語が、都道府県・政令指定都市別の平均正答率全国1位だったことは、私たちの「グローバル・スタディ」を柱とした英語教育「さいたまメソッド」は間違っていなかったという自信を、確たるものとしたのです。

質問紙の分析が授業改善へ

「全国学力・学習状況調査」は、国語、算数・数学は毎年、そして理科と英語は3年に一度実施される、いわゆる「学力」を測る「教科に関する調査」が注目されがちです。

しかし実は、同日実施されている「質問紙調査」の方が、授業改善にとっては効果を発揮すると、私は考えています。

「質問紙調査」は「児童生徒調査」と「学校調査」の双方からの調査になっていて、「教科に関する調査」では把握が困難な内容について補完できるものになっています。
とりわけ、「児童生徒調査」は子どもたち自身の関心や意欲、授業での取り組み方や学習方法が、生の声から確認できる、大変貴重な調査です。また、同様に「学校調査」と「教科に関する調査」をクロス集計することで、自治体の強みと課題を可視化することもできます。

私は、すべての自治体で、「質問紙調査」の結果を十分に分析し、その上で「教科に関する調査」の結果を受け止め、各教科指導の質的向上へとつなげていくことが大切だと申し上げたいです。

では、2023（令和5）年度に実施された、「全国学力・学習状況調査」中学校英語に関する「教科に関する調査」と「質問紙調査」のさいたま市の結果を見ていきましょう。

図表2-1の「生徒質問紙調査」の結果を見てください。
さいたま市立学校に学ぶ中学3年生は、「質問紙調査」の「1、2年生のときに受けた英語の授業」に関するすべての質問項目で、肯定的な回答の割合が、全国平均を8・6から15・4ポイント上回っています。

図表2-1　2023年度「全国学力・学習状況調査（中学校）」調査結果

教科に関する調査　英語（平均正答率）

	さいたま市	全国
聞くこと・ 読むこと・書くこと	**53**%	45.6%（公立）
話すこと	**21**%	12.4%

生徒質問紙調査

1、2年生のときに受けた英語の授業について肯定的な回答の割合

	さいたま市	全国（公立）
英語を聞いて概要や要点をとらえる活動が 行われていたと思う	**87.1**%	78.2%
英語を読んで概要や要点をとらえる活動が 行われていたと思う	**88.9**%	80.3%
原稿などの準備をすることなく、（即興で）自分の 考えや気持ちなどを英語で伝え合う活動が 行われていたと思う	**77.6**%	63.8%
スピーチやプレゼンテーションなど、まとまった 内容を英語で発表する活動が行われていたと思う	**94.1**%	78.7%
自分の考えや気持ちなどを英語で書く活動が 行われていたと思う	**92.1**%	82.8%
聞いたり読んだりしたことについて、生徒同士で 英語で問答したり意見を述べ合ったりする 活動が行われていたと思う	**89.7**%	80.7%
聞いたり読んだりしたことについて、その内容を 英語で書いてまとめたり自分の考えを英語で 書いたりする活動が行われていたと思う	**89.8**%	79.3%

「令和5年度全国学力・学習状況調査」調査結果資料を参考に編集担当作成

2023（令和5）年度の「全国学力・学習状況調査」の2回目の中学校英語の実施は、現行の学習指導要領に改訂されて4年目、つまり調査対象の中学3年生は、「主体的・対話的で深い学び」を目指す学習指導要領に基づいて教育活動がなされた学年であること、また、「教科」となった英語を小学6年生から学び始めている学年であること、という点から大変注目されていました。

そして、この質問項目は、学習指導要領の外国語科の目標である「外国語（英語）によるコミュニケーションにおける見方・考え方を働かせ、外国語（英語）による聞くこと、読むこと、話すこと、書くことの言語活動を通して、簡単な情報や考えなどを理解したり表現したり伝え合ったりするコミュニケーションを図る資質・能力を育成することを目指す」に則った授業が進められているかどうかの、生徒側からの評価と言えるのではないでしょうか。

すべての自治体で、「質問紙調査」の結果を十分に分析し、その結果を真摯に受け止め、英語の指導方法について改めて議論を進めていくことが大変重要であると、もう一度申し上げます。

2023年度実施「全国学力・学習状況調査」から見える求められる英語力とは

出題された「全国学力・学習状況調査　教科に関する調査」の中学校英語から、求められる英語力について考えてみたいと思います。

今回は、英語による発表や意見交換など「話す」力の育成を目指している中学校の学習指導要領が2021年に実施されてから初の調査で、**「話すこと」の調査が注目されました。**

英語の正答率の全国平均は、「話すこと」を除いた3技能で、46・1%でした。これは、前回（2019年）より10・4ポイント下がっていました。さいたま市の平均正答率は、53%でした。

3技能の全国平均の内訳は、「聞くこと」が、58・9%（前回比9・4ポイント減）、「読むこと」51・7%（前回比4・5ポイント減）、「書くこと」が24・1%（前回比22・3ポイント減）でした。3技能とも、前回を下回っています。

全体にふるわなかった英語の結果ですが、とりわけ、今回初めてGIGAスクール端末を活用してオンラインで調査した、「話すこと」は、全国の平均正答率が12・4％で、新聞は「英語『話す力』極度に不足」などと大きな見出しが躍りました。さらに、正答数がゼロ、つまり0点の生徒が63・1％だったことも衝撃でした。ちなみに、さいたま市の「話すこと」の平均正答率は、21％でした。

文部科学省は、「テストが難しかった。生徒の英語力が低下したとは判断できない」と説明していますが、私は、学習指導要領で重視されている「英語で互いの考えを伝え合う言語活動」が、日々の授業の中で十分に実施されていないから、このような結果になったとシンプルに捉えています。

さて、**正答率の低かった、「書くこと」と「話すこと」の問題を分析**してみて、求められている英語力について考えてみたいと思います。

図表2-2を見てください。「書くこと」の問題で正答率が低かった問題です。ロボットが買い物ガイドやレストランで配膳を担っていることなどについて書かれた英文を読み、人々の生活がより良くなっているという意見に対する、自分の考えと理由を英語で書く問題です。正答率は20・1％と低かったです。

図表2-2　「書くこと」で正答率が低かった問題（中3英語）

英語の授業で、ブラウン先生が作成した文章が学習者用端末に送信されました。
これを読んで、以下の問いに答えなさい。

Today we see many kinds of robots around us. They are helpful. When I went shopping, I saw a robot and it was working as a guide. I could talk to the robot in English or other languages. At some restaurants, robots bring our meals. They can carry many plates at one time. Thanks to them, the restaurant doesn't need a lot of staff members. We have robot pets, too. We can have them even if we are busy with work or we live in small apartments. People will have fun if they live with robot pets. As I explained, robots can change many people's lives for the better. Do you agree with me? Why or why not?

（注）
plate: 皿　even if ～：たとえ～だとしても
apartment: アパート　agree with: ～に賛成する

(2) ブラウン先生の質問に対するあなたの考えと理由を英語で簡潔に書きなさい。

正答率　20.1％

正答例	I agree with you. If robots do our housework, we will have more time.

国立教育政策研究所「令和5年度全国学力・学習状況調査　中学校英語　大問8」より作成

結果を分析した国立教育政策研究所によると、筆者の問いかけに対する自分の考えは書けているが、その理由を書くことに課題がある例が目立ったとのことです。また、無答率も30％弱だったと説明しています。

次に、図表2-3を見てください。「話すこと」で正答率が低かった問題です。ニュージーランドから来た留学生による、環境問題についてのプレゼンテーションを聞いて、自分の考えと理由を話す設問です。

留学生のプレゼンテーションは、「海洋に、ビニール袋が浮遊している環境問題について説明し、日本では25％以上の人々がお店でビニール袋を購入していることに驚いた。ニュージーランドでは、お店でビニール袋は売っていない。皆、エコバッグを持参している。日本は、お店で、ビニール袋を売るべきではない」という内容でした。

この問題は、正答率がわずか4％という低さでした。

国立教育政策研究所では、多くの生徒が、留学生のプレゼンの内容が理解できても「自分の話す内容が思い浮かばなかった」（35・8％）、「自分の話す内容は思い浮かんだが、それを表現する英語が思い浮かばなかった」（41・1％）と説明しています。また、今回の「話すこと」の問題は、聞く・話すを総合した力を必要とする設問で、難易度が高かったと解説されました。

図表2-3　「話すこと」で正答率が低かった問題(中3英語)

英語の授業で、ニュージーランドから来た留学生が環境問題についての
プレゼンテーションをしています。その発表やスライドの内容をもとにして、
あなた自身の考えとその理由を英語で伝えましょう。
1分間話す内容を考えたあと、30秒で話してください。メモを取ってもかまいません。
それでは、プレゼンテーションを聞きましょう。

※調査問題「話すこと」動画データ(YouTube文部科学省チャンネル)は国立教育政策研究所ウェブサイトで公開されています。

正答率　4.2%

正答例	I like your idea. Many people in Japan use plastic bags. We must change our action to protect environment like people in New Zealand.

国立教育政策研究所「令和5年度全国学力・学習状況調査　中学校英語『話すこと』　大問2」より作成

まず、申し上げたいことは、「全国学力・学習状況調査」に限らず、大学入学共通テストを筆頭に、各都道府県の高校入試も含めて、今後、ますます、**「聞く」「読む」「話す」「書く」を統合した総合的な英語力を測る傾向が強くなる**と思います。つまり、より実際のコミュニケーションに近い設定での発問になるということです。

私たちが日頃行っている、実際のコミュニケーションの場面を想定しながら考えるとよく分かると思います。

まずは、話し手や書き手の言いたいことや意図などを理解し、それを踏まえて自分の考えや意見を相手に伝えるのがコミュニケーションですから、「聞く」「読む」「話す」「書く」といったそれぞれの力を付けていかなければ、意味のあるやり取りが成立しません。

私は、日々の英語の授業の中で、そういった意味のあるコミュニケーションの言語活動がなされているかどうかが大切だと常々思っています。「**意味のあるコミュニケーション**」というのは、授業の中の練習としての「やり取り」だけれど、そこには相手の言いたいことを知りたい、そして自分の考えや思いを伝えたいという「**意欲のあるコミュニケーション**」と言ってもよいと思います。

そして、もう一つ、今回の「話すこと」の問題は、「やり取り」と「発表」の2領域について問われていたことにも注目していただきたいです。

これまでの授業では「発表形式」の一方通行のスピーキング練習が強調されてきたわけですが、今回の「全国学力・学習状況調査」において、即興的で自然なコミュニケーション力を養うことが大切だとクローズアップされたのです。

この出題のメッセージは、リアルに行われる会話は、瞬発力が大切ですから、「やり取り」を意識した言語活動も授業の中に積極的に取り入れましょうということです。

いずれにしましても、全国の平均正答率12・4%は衝撃的でした。全国の英語の授業が、変わらなければならない切羽詰まった状況であることは間違いありません。

全国の英語教師の皆さん、今こそ、授業改革を進めましょう!

私たちは、変わらなければなりません!

教育委員会はどのような役割を果たしたらよいか

小・中・高の12年間の連続性を大切にした「さいたまメソッド」

英語教育の課題の一つは、小・中・高の接続にあります。

ここにこそ、教育委員会の果たすべき役割があります。

従来、中学校や高校に入学して英語が苦手になる生徒が多いことが全国的な課題とされてきましたが、小学校英語が必修化された現在でもその傾向は変わっておらず、各地の英語教師から悩む声を聞いています。

中学校で英語が苦手になる要因には、第一に小学校と中学校とで指導のスタンスが大きく違うことが挙げられます。

小学校での英語教育は、英語によるコミュニケーション能力の素地を養うことが目的ですから、楽しく全身を使って英語を聞いたり話したりという言語活動をたくさん経験してきます。ところが、**中学校では、小学校でのコミュニケーションを中心とした活動経験に基づくことなく、新たな学習者として扱ってしまう**ことがあります。小学校英語のそれはそれ、中学校英語こそが王道の英語教育とばかりに、単語や文法の知識を習得するための学習が中心となってしまいがちです。これでは、子どもたちは、一気に英語嫌いになってしまいます。

また、**高校1年生で英語が苦手となる要因の一つとしては、高校で使用される教科書や教材が学習者に合っていない**ことが考えられます。これも、中学校での学習の様子について高校の英語教師たちがその実態を知らないことによります。高校の教師たちはどのくらい中学校の授業を観ているのでしょうか。そして、中学校の英語教師たちは、送り出した子どもたちが、高校の英語の授業の中で何につまずいているのかを知っているのでしょうか。

つまり、教師たちが学校種を超えてお互いにどんな授業をしているのかを知らないことが原因で、小学校から中学校、中学校から高校への円滑な接続がなされていないのです。

この項目の冒頭で、「英語教育の課題の一つは、小・中・高の接続にある」と述べましたが、学習到達目標に、小中高の学校種を超えた一貫性を持たせることがとても大切です。そのためには、教育委員会が、各学校種が連携して学習到達目標を立てられるよう、ブリッジになりサポートする必要があります。

高校卒業までに、「自分の考えを相手に伝え、相手の主張を聞き取り、議論する」といった高度な英語コミュニケーション能力を身に付けるためには、小・中学校段階でもその目標を意識しておく必要があります。例えば、高校で「英語でディベートができる」と学習到達目標を設定した場合、中学校はそこからさかのぼって、「相手の発言を聞いて要点を理解できる」「相手の発言について疑問を質問できる」というように、具体的に各学校段階で目指すべき到達目標を掲げて、発達段階に応じて、いつどんな力を付けていけばよいか明確にするべきです。

さいたま市の「グローバル・スタディ」では、9年間の指導計画が綿密につくられています。ぜひ、参考になさってください。どの自治体でも、どの学校でも、取り入れて実践できる単元や活動があるはずです。

また、英語が苦手な中学生を減らすためには、小中の英語指導のギャップを徹底的に取り除き、小中接続を改善していくことが重要です。

小学校で英語が教科化された今、中学校入学時の生徒の英語力はずいぶん変わりました。中学校区の小学校との情報交換を密にして学習内容を把握し、子どもたち一人ひとりに必要な指導を見極めて、対応していくことが求められます。ここでも、教育委員会が、ブリッジになったり、うまくいかない時はバッファ（緩衝材）になったりすることが求められると思います。

教員の英語力向上については、教育委員会の支援が大変重要な鍵です。

教員の英語力を高める最大の機会は、英語で授業を実施することですから、その授業準備のための教材開発や、ＡＬＴとの連携などを通じた支援が求められます。

また、教師が英検など英語力テストを受検する際の費用の補助や、生徒の短期留学に教師が引率する際の費用は、きちんと予算化することが必要です。英語力向上には教員個々の努力がもちろん必要ですが、多忙な中でも意欲的に取り組めるような支援が期待されるところです。

政令指定都市であるさいたま市は、小学校、中学校、高等学校の任命権者であり設置者です。したがって、**学校種を超えて、一貫した教育を実施してきました**ので、その蓄積の中に、参考にしていただける点があるのではと思います。

第1章では、小・中学校の「グローバル・スタディ」を中心にご紹介しましたが、実は「さいたまメソッド」は12年間を通した英語教育改革です。市立高等学校になじみのない方もいらっしゃるかと思いますので、次の第3章で簡単にさいたま市立高等学校についてご紹介し、どのように義務教育から高校につながっていくのか説明します。

教育委員会の「当たり前」をやめた。

2018年に時事通信社から出版された、当時千代田区立麹町中学校校長　工藤勇一先生の著書『学校の「当たり前」をやめた。』をリスペクトして、私は、「教育委員会の『当たり前』

をやめた。」と申し上げます。

英語4技能の力を測るために、民間テストを導入したことを述べましたが、私は、今こそ行政の「**無謬《むびゅう》性神話**」から脱却していかなければならないと考えています。

「**無謬**」とは**思考や判断に誤りがないこと**を指します。どうも私たちは、「**無謬」を過大に扱いすぎ、現行の制度や政策は間違っていない、いや、間違っているはずがないと考えがち**です。そのため、**前例踏襲に陥り、変化を嫌います。**そして、課題に対して臨機応変に対応することが難しくなってしまいます。

行政の「無謬性」は大切ではありますが、一方でそれが足枷《あしかせ》になり物事が停滞してしまいます。この呪縛から逃れられなければ、先行き不透明な変化の激しい社会の中で、目の前の課題解決ができないまま、いたずらに時間が経過してしまうのではないでしょうか。

ビジネスの世界では、「**アジャイル**」な仕事の仕方がどんどん取り入れられているようです。これは、**市場環境やニーズの変化に柔軟に対応することを前提に、最初から厳格な形を決めず、より良い姿を目指して臨機応変にやり方を変えていく開発スタイル**です。時代の流れは速く、複雑性も増しています。まずはスピード感を持って施策を打ち出さなければ、より良いサービスが提供できません。当たり前のことです。

私は、**教育行政は、未来を生きる人々にとって有益な施策を打つべきであり、最も未来志向でなくてはならない**と考えています。

なぜならば、目の前の子どもたちは、22世紀を生きる人々だからです。

教育委員会の「当たり前」の一つは、硬直化した「議論」です。

私は、教育長を務めた6年間、できるだけ多くの教育委員会事務局職員のアイディアを聞き、できないと思われた政策を、どうしたらできるようになるか議論しました。

教育長室は「ブレスト（ブレインストーミング）部屋」だったと、「はじめに」に書きましたが、職位は関係なく、アイディアを持っている人と上席とが一緒のテーブルにつき、議論を重ねました。最初は、若い指導主事が「教育長、それでは無理ですよ」などと発言すると、課長がびっくりしていましたが、そんなの関係ありませんでした。できるまで議論するその姿勢は、皆に当事者意識を持ってもらうことにつながったと思います。

教育委員会の「当たり前」には、硬直化した「人事」もあります。

私は、思い切った人材の登用は、組織を活性化すると体験を持って知りました。

19年前、「埼玉県初の中高一貫教育校」埼玉県立伊奈学園中学校の草創期の教頭を務めた時のことです。この組織がとてもダイバーシティに富んでいました。校長は教員免許を持っていない行政職出身、中学校にもかかわらず教頭は高校籍の私、そして教師も小学校、中学校、高校出身者と全学校種がそろっていて、通常考えられない組織でした。

読者の皆さんの多くはあまりご存じないかもしれませんが、学校とは、学校種ごとにそれぞれのやり方があります。文化が違うと言ってもよいかもしれません。実は、それが、硬直した考え方に凝り固まった教育活動となってしまう要因ですが、中にいる教師たちは気付きません。伊奈学園中学校での3年間は、私自身の経験をあっという間に塗り替えました。様々な学校文化のバックグラウンドがある仲間と学校づくりをしていくことは、本当に楽しかったです。それぞれの持つ経験がミックスされて、全く新しい考えや、やり方が創出される。これが、イノベーションが起こるってことなんだと実感しました。圧巻は、教員免許を持っていない行政職出身の校長でした。

初めてお目にかかった時、「教頭先生、僕は教員免許も持っていないし、教壇に立ったこともないから、教育のことは分かりませんが、僕の強みを最大発揮して学校づくりをやっていきますよ」とおっしゃいました。その言葉通り、お金のこと、地域や様々なステークホルダーとの付き合い方など、私たち教師が苦手なことを率先して担い指導してくださいました。私は、この経験から、教育長を拝命した際「学校に多様性を投入する人事をしよう」と決心しました。

管理職選考対象者に事務職員、養護教諭、栄養教諭などを加えたり、学校種間の人事交流を積極的に取り入れたり、教員免許状不要の採用試験を導入したり、様々な施策で学校の多様性を高め組織を活性化するためのチャレンジをし続けました。

そして、すでに、いくつかの学校で、教諭出身以外の管理職が誕生し、各学校で大活躍しています。今私は、「**多様性のある学校は、強い組織になる**」を実感しています。

さらに、**教育委員会の「当たり前」には「お金」の問題**もあります。

教育委員会は学校も含めて、「お金」のことに疎い傾向があります。教育にはお金がかかるもの、黙っていても予算がつくものと考えている節があります。ただ、今は、どの自治体も財政が潤沢である時代ではありません。

そこで、私たちは、ふるさと納税を活用したさいたま市教育委員会主導の安心ファンド「**投資先はミライ　さいたま MY SCHOOL ファンド**」を立ち上げました。これは、さいたま市の教育活動をより豊かにしていくための支援金を募集するファンドです。寄附金は、指定した学校（市立小・中学校・特別支援学校）で備品などに使用されます。

先行して、市立浦和高等学校がディベートの世界大会に出場する際の資金集めに「**クラウドファンディング**」を行いました。すると、多くの皆さんから、予定額を上回る支援をいただき、日本中が教育に対して大きな期待感を持っていることが分かり、心強く思いました。

機会がありましたら、私がチャレンジしてきた「教育委員会の『当たり前』をやめた。」のお話を、皆さんに披露したいくらいです。

「世界基準の英語力」に話を戻します。

すべての子どもたちにこのギフトを与えようと本書で紹介している様々な取り組みは、まさに教育委員会の「当たり前」をやめ、現状打破した記録です。

英語教育改革を効果的なものにするためには、小中連携、中高連携など、学校種を超えた連携が大切ですが、実はいろいろなハードルがあります。とりわけ、小・中学校と高校とでは設置者が異なる基礎自治体は、学校単体では連絡を取り合うのも難しいでしょう。だからこそ、**教**

育委員会が担う役割が大きいと実感しています。

改革を実現するために、県教育委員会と基礎自治体の教育委員会とが膝を突き合わせて議論し、双方の教育委員会が責任を持って役割を分担し、組織的に推進することが、今こそ期待されているのだと思います。

それぞれの自治体ごとに事情は違いますが、私たちのチャレンジのどれか一つでも、参考にしていただくことがあればうれしいです。

第3章

先行き不透明な時代にグローバル基準の教育を求める

高校教育までデザインしているさいたま市。
特色ある市立高等学校をご案内しながら
未来志向の教育を深掘りしていきます。

後半は急速に発展するＡＩの話題です。
うまく使えば「世界基準の英語力」が手に入る⁉
英語学習に効果的な活用法を提案します。

VUCAの時代の教育改革

時代を先取りしたさいたま市立高等学校改革

さいたま市には特色ある高等学校が4校（中等教育学校含む）あります。さいたま市教育委員会は、英語に限らずその教育全体を構想しています。

高校は、義務教育で得た成果をさらに発展させて、豊かな人間性や創造性と社会とつながって生きるために必要な能力を身に付けるための学舎です。そして、さいたま市教育にとっては、

12年間の学びの総集編として、小学校、中学校での学びを開花させる場でもあります。とりわけ「世界基準の英語力」を育む「さいたまメソッド」は、高校における様々なアウトプットの場でその成果が発揮されています。

さて、私たちは、いったいどんな時代にどんな教育を目指していったらよいのでしょうか。まずVUCA《ブーカ》という言葉から探ってみましょう。

VUCAとは、「Volatility：変動性」「Uncertainty：不確実性」「Complexity：複雑性」「Ambiguity：曖昧性」という単語の頭文字を取った単語で、先行き不透明な状況を示します。

2010年頃から盛んに言われ始めましたが、この10年余りを振り返りますと、新型コロナウイルスのパンデミック、ITやAIの技術革新、気候変動、政治不安など、その状況は想像を絶する速さで変化しています。

VUCAの時代を主役として生きていく子どもたちには、今まで以上に自立した学習者となり、自分の頭で考えて生き抜く力を付けていかなければなりません。

私は、この考えをもとに、さいたま市の教育長になる前に4校の教育改革に携わりました。4校のご紹介も兼ねてそのお話にお付き合いください。

県教育委員会から
さいたま市教育委員会へ

「はじめに」で紹介させていただいた通り、埼玉県採用の教師だった私が、2011年にさいたま市教育委員会に異動になりました。新たな職場に着任した私を待っていたのは、さいたま市立高等学校4校の特色化でした。

しかし、2005年から取り組んでいる「さいたま市立高等学校特色ある学校づくり」計画は、なかなか結論が出ず暗礁に乗り上げているのが実態だったようで、前任の担当から「先が見えませんので、ソフトランディングを」という引き継ぎだったのです。

つまり、体よく、「それぞれの高等学校が持ち味を生かして頑張ります」程度の報告書を作り、特色化にピリオドを打ちましょうという話です。

私は、敗戦処理のために呼ばれたのですか？

冗談じゃありません！

持ち前の負けん気がむくむくと湧き上がりました。

早速、さいたま市立高等学校4校の実態を調査しました。すると驚くことに、どの高校も、ものすごくポテンシャルが高いではありませんか。4校とも、落ち着いた校風と高い満足度により県内トップクラスの人気校ばかりです。教師だって、研究会で活躍する優秀な教師や名物教師がそろっています。

しかし、その割には、明確な特色が打ち出されていません。進学実績も、入学時の学力からすると伸ばし切れていない感が否めません。そして、そもそも4校ともすべて「普通科」のみです。

全国の高校が、生徒減を見据えて統廃合が進む中、ご多分に漏れず埼玉県教育委員会も「県立高校魅力化推進事業」の下、県立高校を減らしている現状でした。

では、さいたま市も学校を減らしていく方向に、かじを切るべきでしょうか。

いいえ、とんでもありません。

調査を進めデータを分析すればするほど、私は、こんなに潜在能力の高い市立高校は、エッジを立てた特色を打ち出せば、今以上に魅力的になり、先行き不透明な未来社会を牽引する、素晴らしいリーダーを育てていく高校になると確信を持ったのです。

そして、4校に共通する改革のコンセプトは、**VUCAの時代をたくましく生き抜く、グローバル・リーダーの育成**としました。**世界の人々と対話する力である「世界基準の英語力」を付けていくことも大切な要素**としました。

「よし、やってやろうじゃないか！」というファイトの塊になった私は、いよいよ、高校教育改革に着手しました。

「さいたま市立高等学校特色ある学校づくり」計画が動き出した！

さいたま市初の中高一貫校
スーパー進学校「市高」こと
市立浦和高等学校

まずは、市立浦和高等学校。

男子校の埼玉県の雄、県立浦和高等学校、通称「浦高（うらこう）」と混同されることもしばしばありますが、こちらは通称「市高（しこう）」と呼ばれる、毎年、国公立大学合格者数100名を下らない、男女共学の進学校です。そして、同校は、2007年より浦和中学校を開校し併設型中高一貫校となり、さらに人気校となりました。

目指す学校像は、浦和中学校の教育目標「高い知性と豊かな感性・表現力を備えた国際社会に貢献できる生徒の育成」、そして浦和高校の教育目標「高い知性と豊かな人間性・社会性を兼ね備え、国際社会に貢献する高い志を持った人材を育成する」を融合するものであり、まさに**中高の6年間を通してグローバル基準の教育を実践**する学校です。「市高」は、1986年には姉妹都市ニュージーランド・ハミルトン市、1998年には同じく姉妹都市米国バージニア州リッチモンドへの生徒派遣事業をスタートさせ、海外修学旅行に至っては、県内公立高校では最も早い1987年よりチャレンジしていました。浦和中学校も、3年生全員にオーストラリアでの海外フィールドワークを実施しています。まさに国際交流の老舗校と言えます。

また、全国高校生英語ディベート大会において6回の全国優勝を果たし世界大会に出場しているインターアクト部の活躍は目を見張るものがあり、「市高」でディベートにチャレンジしたいと志願してくる中学生も少なくありません。

さいたま市の英語教育のトップリーダーであり、市を牽引する代表校でもあります。

スポーツを軸にした地域連携型高校 そして進学重視型単位制高校 浦和南高等学校

次は、市立浦和南高等学校。

同校は、1969年に創部6年目のサッカー部が高校総体、国体、高校選手権の三冠を達成した逸話をもとに創作されたサッカー漫画『赤き血のイレブン』のモデルになった高校です。

浦和南高校は、サッカーの強豪校であるばかりでなく、近隣の小学校、中学校とも強い連携を持つ地域に根差した学校ですから、まずは**「地域連携型高校」としてスポーツを軸にした改革**に着手しました。2017年に埼玉県公立高校としては初の「人工芝グラウンド」が完成し、地元のサッカークラブに開放したり、地域の子どもたちにサッカー教室を開いたり、できる限り皆さんに開放して地域のスポーツの拠点としました。また、「スポーツを科学する生徒の育成事業」は、運動部活動のDX（デジタル・トランスフォーメーション）を実現し、データに基づいた効率的・効果的な指導法により部活動を「スマート部活動」へ変革させました。

さらに、すでに単位制に近い累計型の教育課程であったこともあり、「**進学重視型単位制高校**」へと改編。これで、自分の進路実現に向かって、自分の学びたい教科を、学びたいだけ学べるシステムになり、進路実績にも直結しています。グローバル教育にも特筆すべきものがあり、多様な海外研修が用意されていたり、「東京グローバルゲートウェイ体験」やオンライン英会話（QQ English）が導入されたり、生徒のコミュニケーション力向上の仕組みが完成しました。

理数科設置からスーパーサイエンスハイスクール（SSH）へ　大宮北高等学校

市立大宮北高等学校は、普通科に**理数科を併置**することとしました。理数科設置は、さいたま市教育全体にSTEAM[2]の息吹を吹き込むために、どうしてもやりたかった改革です。

▼2　STEMにArt（芸術・リベラルアーツ）を加えたもの

大宮北高校の理数科の理念は、～「科学するこころ」育てます～というキャッチフレーズに込められた、未知なことに対する**「なぜそうなるのか明らかにしたい」という知的好奇心の育成**です。そしてこれは、Society5.0の到来とともに、科学技術に関する世界的な競争がこれまで以上に激化している現在、将来、理数系に進む生徒のみならず、21世紀の日本社会を牽引していくすべての生徒に育むべき力であると考えたものでした。

2014年の理数科設置により本格的にスタートした大宮北高校の学校改革には、ポイントが3点ありました。

第一のポイントは、**大学や外部の専門機関との様々な連携**です。

当時は、埼玉大学理工学研究科の7名の教授が、本校の理数科アドバイザーとして、高校理数を超えたコンセプトを打ち出した新しい理数教育について様々な提案をしてくださいました。また、東京大学、筑波大学、東洋大学、岩手医科大学、国立天文台などと様々な連携を図り、最先端の研究の情報を得、生徒たちのサイエンスに対する好奇心が一段と強くなりました。

第二のポイントは、**ICTを活用したアクティブ・ラーニングへの授業転換**です。

さいたま市教育委員会の絶大なる支援で、理数科生全員に一人一台のPC貸与、全教室にネットワークを構築し電子黒板の導入など、GIGAスクール構想前の2015年当時、公立高校においては全国トップクラスの充実したＩＣＴ教育環境を整えました。恵まれたＩＣＴインフラを活用し、アクティブ・ラーニングへ転換が図られ、教室の風景が一気に変わりました。

第三のポイントは、**グローバルな探究活動へのチャレンジ**です。

文理を問わず、未来社会で活躍する人材に必要な、世界中の多様な人々とコミュニケーションする力、協働する力を育成するために、グローバルな探究活動のプログラムを導入しました。すでに紹介しています「台湾サイエンス研修」を筆頭にオーストラリア、ハワイ、インドネシアでのサイエンスプログラムを実施し、世界を舞台に英語で探究活動を進めました。

私たちは、理数科設置当初から、文部科学省主催の、科学技術、理科・数学教育に関する研究開発等を行う「スーパーサイエンスハイスクール（ＳＳＨ）」の指定を目指し、三つのポイントを大切にして様々な教育活動に果敢に挑戦してまいりました。そして、２０１６年に1期目が指定され、２０２２年には2期目の指定、さらに２０２３年は全国でも年間数校のみ採択される「科学技術人材育成重点校」となり、国からの財政的な支援を活用することにより、さらに高度な教育活動が効果的に循環しているところです。

現在、大宮北高校はさいたま市の理数教育の拠点校として、義務教育段階の子どもたちにも様々なプログラムを提供しています。小・中・高等学校の豊かな連携の中で優れた人材が育ち、さいたま市から科学技術分野で国際社会をリードする一流の科学者を輩出するのではとワクワクしています。

日本一の理数教育を実践しようとする大改革が、今、大きな成果を上げようとしています。

「誰も見たことのない世界を生きる子どもたちへ」大宮国際中等教育学校の構想

さて、4校目が、大宮西高等学校です。

大宮西高校は、自主自立の校風を持ち、以前から国際交流も盛んな学校です。

私は、先行き不透明な時代を生きていく子どもたちに向けて、革新的なプログラムを提供できる学校にしたいと考えました。そこで、ふと思い出したのが、アメリカに留学していた時に会った、**国際バカロレア**（以下**IB**）で学んだユニークな友人たちです。多様な文化の理解と尊重の精神を持ち、より平和な世界を築くことについて真剣に考え、常に行動する、そんな人物たちでした。よし、これだ！　IBのプログラムをこの学校の哲学にしようと考えたのです。

コラム

国際バカロレア（IB）について

国際バカロレア（IB）とは、国際バカロレア機構（本部ジュネーブ）が提供する国際的な教育プログラムです。1968年、チャレンジに満ちた総合的な教育プログラムとして、世界の複雑さを理解して、そのことに対処できる生徒を育成し、生徒に対し、未来へ責任ある行動を取るための態度とスキルを身に付けさせるプログラムとしてスタートしました。そして、国際的に通用する大学入学資格を与え、大学進学へのルートを確保することも設置の目標です。

IB の使命（The IB mission）

国際バカロレア（IB）は、多様な文化の理解と尊重の精神を通じて、より良い、より平和な世界を築くことに貢献する、探究心、知識、思いやりに富んだ若者の育成を目的としています。IB のプログラムは、世界各地で学ぶ児童生徒に、人が持つ違いを違いとして理解し、自分と異なる考えの人々にもそれぞれの正しさがあり得ると認めることのできる人として、積極的に、そして共感する心を持って生涯にわたって学び続けるよう働きかけています。

IB の学習者像（The IB Learner Profile）

「IB の学習者像」は、「IB の使命」を具体化したもので、「国際的な視野を持つとはどういうことか」という問いに対する IB の答えの中核を担っています。具体的には、IB 認定校が価値を置く人間性を、10の人物像として表しています。

〈10の学習者像〉探究する人／知識のある人／考える人／コミュニケーションができる人／信念をもつ人／心を開く人／思いやりのある人／挑戦する人／バランスのとれた人／振り返りができる人

文部科学省ＩＢ教育推進コンソーシアム資料より作成

早速、ＩＢ校開校の手続きなどについて調査し、大変だけれどできると思いました。

まずは、さいたま市の施策としてご理解いただくことが肝要です。市長に説明に入りたかったのですが、いつもスケジュールが立て込んでいますので、どのように時間を取っていただくか。そうだ、ロビイストみたいに、廊下などで待機していて移動中の市長を捕まえて少しの時間をいただこうと考えました。そして、一枚ものの分かりやすい資料を作り、市長を待ち構えて説明させていただきました。

細田「市長、市立高校の特色化ですが、４校目は、国際バカロレアの学校にして国際社会で活躍できる本物の人づくりをしたいと思うんですけれど」

市長「えっ、それ何？」

細田「世界のダイバーシティを理解しつないでいける、世界基準の英語力とマインドを持った子どもたちを育成する学校です」

市長「面白そうだね」

細田「そもそも大宮西高校は国際交流が盛んな学校で……、あっ、もう次の会議ですね。市長はお忙しいですので、また、次の機会にこんなふうに続きをご説明させていただきます」

当時、私は、課長級の職員でした。何と強引だったのだろうと、今となっては呆れますが、当時のことを清水勇人市長は「最初はびっくりしたけれど、熱心さに負けて話を聞くうちに、これは面白いプログラムだと思うようになったよ」と懐かしそうに言ってくださいます。

さて、次は、予算獲得です。これは、大変でした。さいたま市政全体にご理解いただかなければなりませんから、まず、国際バカロレアについての説明です。最初はお菓子の「ババロア」と「バカロレア」の区別もつかない認知度でしたから、くじけず、諦めず、様々な場面で丁寧な説明に努めました。それから、2年、2013年にさいたま市政の最高意思決定の場である「都市経営戦略会議」で認められ、その後、市議会で決議し、いよいよ計画がスタートしました。

しかし、決して、簡単なプロジェクトではありませんでした。お金もかかりますし、何よりも、大宮西高校の卒業生の皆さんの中には、母校が形を変えることに抵抗を感じられる方も少なくありませんでした。ご理解いただくまでには時間がかかりましたが、コミュニケーションを重ね、西高の伝統をしっかり受け継ぎながら未来志向の素晴らしい学校をつくることをお約束し、開校を迎えた時の感激はひとしおでした。

学校名は「さいたま市立大宮国際中等教育学校」(Saitama Municipal Omiya International Secondary School = **MOIS**)。

最初の、学校案内のパンフレットに私は、次のようなメッセージを掲載しました。

誰も見たことのない世界を生きるあなたたちへ

（略）

あなたたちが活躍する社会では、世界はどのようになっているのでしょうか。

変化の激しい、誰も見たことのない世界を生きるあなたたちに必要な力とは、どんな力でしょうか。

未来を生きるあなたたちに、与えられた「答え」をそのまま受け取るのではなく、自分の目で見て感じた「なぜだろう」を、自分の頭で考え抜き、仲間と話し合い、よりよい「答」を見つけていける力をつけたい。

そして、そのような「自立した学習者」を育てる学校をつくりたい。さいたま市教育委員会は、そう考えました。

その時に、私たちの教育理念と一致する教育プログラム「国際バカロレア（ＩＢ）」に出会いました。

さあいよいよ２０１９年４月に、国際的な視野に立ち、探究し研究し、「生涯にわたって自ら学び続ける力」を育てる、これまでにない新しい学校がスタートします。
誰も見たことのない世界をより良いものにするために、好奇心旺盛なあなたたちと共に学び合える日を楽しみにしています。

さいたま市立大宮国際中等教育学校は、2019年4月に開校しました。奇しくも、約2年前に、市立高等学校の校長から教育長として教育委員会に戻ってきた私は、カリキュラム作成の大詰めから開校準備の総まとめを担い、そして開校に立ち会うこととなりました。本当に、幸せな教員人生です。

MOISには「未来を探求する学び」がある

さいたま市立大宮国際中等教育学校（MOIS）の学校目標は、Grit（やり抜く力）Growth（成長し続ける力）Global（世界に視野を広げる力）の3つのGです。

これは、本書の「序章」で述べている、さいたま市教育長として私が掲げた「子どもたちの未来のためのPLAN THE NEXT　3つのGで日本一の教育都市へ」と合致するものです。つまり、MOISでの取り組みは、さいたま市立学校へ広げていきたい「未来を探求する学び」なのです。

MOISには、特徴的な仕組みが三つあります。

仕組みその1は、「**3G Project**」です。身近な問題から世界的な問題を題材とし、教科の枠を超えたグループでの探究学習を行います。使用言語は、2言語（英語・日本語）で、MOIS在学中の6年間を通してチャレンジしています。

仕組みその2は、「**English Inquiry**」です。英語ネイティブの教員によるイマージョン教育です。イマージョンとは、理科や数学など様々な教科を英語で学ぶ取り組みです。

仕組みその3は、「**LDT（Learner Directed Time）**」です。自分で自分の学習をプロデュースする時間です。土曜日に隔週で行われるこの時間は、学校を飛び出して大学や企業等での情報収集をしたり、インターネットや図書館でリサーチしたりして、自分の学びを自分自身でつくっていく時間が用意されています。主体的に学ぶ自立した学習者を育みます。

また、6年間、毎朝15分間の「All English」という時間が設定されています。生徒はもちろん校長先生をはじめとするすべての教職員が英語だけでコミュニケーションする時間です。

これも、この学校のユニークさを物語っています。

このような個性あふれる学びにより、探究する力、協働する力、そして日本語と英語の2言語による表現する力を育み、国際社会で活躍するためのグローバル基準の学力を身に付けていきます。

MOISでの取り組みをさいたま市立学校に広げる

さいたま市立大宮国際中等教育学校は、市立学校ですから、1年生から3年生までの前期課程（中学校学齢）では他の中学校と同じように授業料はかかりません。4年生から6年生の後期課程（高等学校学齢）では、埼玉県公立高等学校と同額の授業料で、年額11万8800円です。

MOISは、インターナショナルスクールや留学といった、**高額な費用をかけずとも、「世界基準の英語力」と自分自身と世界のより良い未来を実現するための学びを提供する学校を目指して**

います。

私たちは、公立の学校教育でこのプログラムを用意することにより、学校選びの選択肢を広げることができました。〝志〟があれば、誰でもこの学校を選ぶことができます。

そして、MOISでチャレンジしている「未来を探求する学び」の様々な取り組みを、167校のさいたま市立学校へ還元していくことで、公立の学校教育でもここまでできるということを、示したいと考えました。

具体的に説明します。

身近な問題から世界的な問題を題材とした探究・研究活動「3G Project」や主体的に自分の学習をプロデュースする時間「LDT（Learner Directed Time）」など、MOISが取り組んできた探究的な学びは、今、様々な形で全さいたま市立学校で実践されています。

「さいたまSTEAMS教育▼3」や「さいたまエンジン▼4」「さいたまSDGs教育」「小学生の金融経済教育」などの取り組みで「学びの探究化・STEAMS化」を推進しています。

そして、授業のスタイルを「教える」から学習者が主体的に「学ぶ」授業へとシフトしています。

また、英語で他教科を学ぶイマージョン教育「English Inquiry」は、「グローバル・スタディ」で応用され、「英語を」学ぶ授業から「英語で」学ぶ授業スタイルへと深化し、すべての市立学校で実践されています。

グローバル基準の教育を実践しているMOISでの授業実践が、これからもますますさいたま市立学校における多様な場面で活かされ、それぞれの学校で独自性を発揮していくことと思います。そして、さいたま市で学ぶすべての子どもたちが、英語によるコミュニケーション力はもとより、自立した学習者として、他者と積極的に対話し、そこから新しいアイディアや価値を生み出す力を付けていくことを信じています。

小学校、中学校、高等学校、特別支援学校そして中等教育学校、168校のさいたま市立学校が、VUCAの時代をたくましく生き抜く子どもたちの生き生きとした学舎になることを願ってやみません。

▼3　STEAMにさいたま市らしくSports（スポーツ）を加えた教科横断型の探究的な学習
▼4　企業へのビジネス提案を取り入れた探究プログラム

AIが英語教育を変える

避けて通れないAIとの関係

2022年11月にリリースされた生成AI ChatGPTは、教育業界のみならず、すべての業界に大きな衝撃を与えました。高い言語能力を持つ大規模言語モデルの出現は、まさに、社会的な大事件です。その後の浸透のスピードもすさまじいものがあり、わずか5日でユーザー数は100万人を超え、2カ月で1億人を突破したといいます。これだけ生活に入り込んでいる状況ですから、AIが今後どのような社会変革をもたらすのかを見据えながら、その中で何ができるのか、どのように使ったら学びに効果をもたらすのか、皆で議論していくことが大切ではないでしょうか。

ＡＩの進化が教育に及ぼす影響について、危惧する声もありますが、もはや、**ＡＩとの関係は避けて通れるものではありません。**使用制限をかけようという議論自体がナンセンスだと思います。

さて、私たちがＡＩに使われるのではなく、**ＡＩを存分に使ってどのように学びの改革をしていくか、私たち教師自身の力量が問われています。**

さあ、皆で議論のテーブルに着きましょう。

英語教師が抱いている不安に対して

ChatGPTは、アメリカから発出したサービスなので、基本言語は英語ですから、英語については、文章を生成する力はかなりの精度を持っています。さらに、情報収集や翻訳、本や文章の要約なども瞬時にできてしまいます。日常使いだけでなく、ビジネスにも大活躍です。

英語学習に至っては、自分専用のネイティブの英語教師が24時間いつでもどこでもそばにいるようなものですから、もう、英語教師は不要になってしまうのではと、不安に思っている仲間たちも決して少なくありません。


その不安、分かります。

でも、私は、ＡＩが「今できること」と「将来的にできるようになるであろうこと」を少し冷静に分析して、私たち英語教師は、まずは、ＡＩを使い倒して、効果的な授業をしていけばいいと思っています。

ＡＩは英語学習の最高のパートナー

英語教育においては、ＡＩが「今できること」でのお助けアイテムは何といっても**翻訳機能**だと思います。一方で、「翻訳機能なんか使わせてしまったら、英語の力が付かない」とおっしゃる方々の声が聞こえてきます。
でも、実は、中学生や高校生はもちろん、小学生だって、すでにGoogle翻訳使ってますよ。使うなって言ったって、便利なツールをデジタルネイティブが使わないわけがありません。でしたら、**子どもたちに有益な使い方、子どもたちの英語表現を豊かにする使い方を授業の中で取り入れて、自走する力を付けていくことが大切**ではないでしょうか。

これまでも使われていた、Google翻訳、DeepLなどに、ChatGPTを加えて、様々な表現を検索して、英訳を比較して表現力を磨いていくやり方は、どなたでも負担なく取り入れることができると思います。
例えば「お世話になっております」という、とても日本語らしい表現を、ChatGPTに聞いてみますと
"We become indebted to."
"Thank you for your help."
"Thank you for your assistance."
"Thank you for your support."
と、いろいろ出てきます。早速、各校にいるALTなど英語ネイティブの教師に、どの表現

が自然か、どんな場合にどんな表現がふさわしいかを聞いてみましょう。

私も、大宮国際中等教育学校のＩＢコーディネーターである、盟友のブラッド（Mr. Brad Semans）に意見を聞いてみました。

彼の返答は、

“We are indebted to you for everything. Our deepest gratitude for your cooperation and support.”

Bradは、「お世話になっております」の日本語の持つ丁寧な印象から、英語でも、このくらい丁寧な表現の方が、感謝の気持ちが伝わるのではないかという意見でした。

なるほど。

コミュニケーションは、意思の伝達であり、気持ちのやり取りです。そして、文化や習慣の理解の上に、豊かなコミュニケーションが成立するのだと実感しました。

ぜひ、授業の中でＡＩの翻訳機能をうまく使い、私たち英語話者ではない学習者が思いもよらない英語らしい表現や、言葉の向こう側にある文化の違いから発生する、そもそも発想が違う表現にたくさん巡り合わせてください。小学校から大学までどの発達段階でも、どのレベルの言語材料でも有効に使えると思います。そして、そこで巡り合った様々な表現を使って、クラスの中でどんどん対話して、子どもたちが自分のものにできるような授業を展開してみませんか。

英作文も同様です。ＡＩに指示して、まず英作文を作ってもらって、それを自分の表現になるまで、書くことによる総合的なコミュニケーションを重ねていく方法もありますし、逆に、自分で書いて添削してもらう方法もあります。

「英文を添削してください」「文法的に間違っているところや不自然なところを教えてください」と指示すると、あっという間にＡＩが添削し理由まで説明してくれます。自分の書いた英文が正しいのかどうか自信が持てず、コミュニケーションに二の足を踏んでしまうという声をよく聞きますが、これで自信を持って総合的なコミュニケーションの場で力を発揮できます。

ＡＩ英会話アプリも、すでにかなり精度の高いものが出ているようです。スピーキング力を高めるために、十分に使えそうです。すごいアプリをいくつか紹介します。

ChatGPTを世に出した会社、OpenAI社が投資しているアプリ「スピーク（Speak）」は、話した文章をＡＩが０・１秒で認識し、ほぼリアルタイムの英会話を実現しています。

また、「エルサスピーク（ELSA Speak）」は、英語の発音矯正に特化したアプリで、高性能な音声認識技術を搭載したＡＩが、リアルタイムで学習者の英語の発音を分析してくれます。

私の友人の台湾の英語教師によると、台湾は「2030年バイリンガル政策」を掲げ、英語教育に注力しているそうです。授業でも、英語オンライン学習プラットフォーム（CoolE Bot）を使い、まさにAIを壁打ちのように活用していると聞きました。AIが相手だと、恥ずかしくないので、皆とても積極的に取り組むそうです。恥ずかしがり屋さんの多い日本の教室は、AI相手のスピーキング練習はものすごく盛り上がると思います。

想像してみてください。

AIをこのように使うことができたら、コミュニケーションの量は圧倒的に多くなります。英語は、まずは、スキルを身に付けることが大切です。圧倒的な練習量が、質を高めていくことは間違いありません。

どうやら、AIが言語学習者の「話し相手」になり始めた今、テクノロジーをうまく活用することで、中学校や高校の英語学習の風景も劇的に変わりそうです。

これが、AIが「今できること」です。

AIは英語学習の最高のパートナーだと思いませんか。

ＡＩと未来の教育

技術的に今はできないことがどんどんできるようになるでしょう。ＡＩの進化は、私たちの想像をはるかに超えた速度で進んでいて、例えばChatGPTなどの教育に使える可能性がしっかり定まった頃には、次の新しい技術が出てくるだろうと思います。ですから、私たち教師は、常に新しい技術を使ってみて、これが子どもたちに有益かどうか、どう使ったら効果的に学習を進められるかを見極めていかなければならないのだと思います。学びとＡＩが不可分のものであるならば、自ら**ＡＩを積極的に活用し、その正否を判断できる力が未来の教師に必要な力**なのではないでしょうか。

そして、子どもたちには、ＡＩと良質なコミュニケーションを取る力を付けていくことが大切だと考えます。生成ＡＩは、プロンプト（立てた問い）によって答えが全く違ってしまいます。プロンプトが的確に与えられないと、ＡＩを使いこなしていくことはできません。それこそ、ＡＩを使うのではなくＡＩに使われるようになってしまうでしょう。今、私たちが実践している「主体的・対話的で深い学び」こそが、子どもたちがAIを使いこなしさらに創造的な学びに到達する、基礎的な力になってくると思っています。

では、未来の英語教育はどうなるのでしょうか。

AIの方が、圧倒的に英語力があるわけですから、未来の英語教育では「教える」ことはなくなっていくでしょう。しかし、私たちが掲げる「世界基準の英語力」は、英語で人とつながり対話して知性を生み出していく力ですから、教室はそういった学びの場にどんどんシフトしていくでしょう。「シンカ（進化・深化）」していくと言ってもよいかもしれません。

未来の英語教育は、体育や音楽などのように、実技科目として存在するのではないでしょうか。まずは、英語を使った基礎トレーニング、そしてその後英語を使ったセッション、つまり体育でいうゲーム練習や音楽でいう合奏などが繰り広げられると思います。

そして、そのようにして教室で獲得した英語力で、世界中の人々とつながり、新たな価値を創造していくでしょう。なぜならば、**人間は対話から知性を生み出す存在**だからです。

コミュニケーションには相手との関係性と瞬発力が大切です。私は、**教室こそ、その力を付ける場として、これからも大切になってくる**と考えます。

全国の英語教師の仲間たち、これからもまだまだ出番はあります。頑張りましょう！

第4章

小・中・高12年間の連続性を重視した「世界基準の英語力」を育むために

ここまで私の視点で「さいたまメソッド」を
ご紹介してきましたが
実際に実践している最前線の現場を
のぞいてみましょう。

さいたま市の学校へようこそ！
先生も教育委員会もアイディア満載です。

誌上授業参観

さいたま市立学校の授業の実際
～英語の授業は面白い！

さいたま市の英語教育「さいたまメソッド」の基礎について知っていただいたところで、実際の授業をご紹介したいと思います。

次のページから小学校1校、中学校2校、高等学校1校の授業風景をご覧いただきます。ほんの一部ですが、「世界基準の英語力」を育む授業の秘訣を感じていただけるかと思います。

ぜひ紙面上で授業参観している気分で、お読みください。

さいたま市立本太小学校　5年2組

有江　聖教諭（2学期9月）

有江先生は、2021年、2022年と2年連続、優れた英語教育の実践者に贈られる「大野政巳英語教育賞優秀賞」を受賞している、若き研究者です。

ワクワクしながら有江クラスを訪れると、すでに子どもたちの元気な声が響き渡っていました。待ってましたとばかりに、数遊びのウオーミングアップで楽しむ子どもたち。クラスルームイングリッシュも全員に浸透していて、高い学習意欲が感じられます。

さて、単元は「Lesson6 夏休みの思い出」。本時は、夏休みの思い出について伝え合う表現や動詞の過去形を定着させるための言語活動がメインです。有江先生がピクチャーカードを手に、動詞の -ed 形や不規則変化形、そして「beautiful」「cool」など、ジェスチャーを交えたり表情を変えたりしながら解説しています。子どもたちは、納得したり笑ったり夢中になっています。見事に、日本語を介さず、語彙を増やし定着させていました。

カードの内容が定着したところで、授業は、グループに分かれて「自分の思い出について話す」言語活動に進みます。十分な時間をアウトプットする活動に充てています。今日覚えた表現やこれまで学習した表現など、子どもたちは、今使える表現を存分に使い、楽しかった思い出について話しています。有江先生もクラスを回ってサポートし、時に新しい表現をインプットしています。

印象的なのは、児童がとても主体的に授業に参加していること。これは、有江先生の目指す「児童自ら学習目標や計画の立案に関わる授業」が実践されているからだと感じました。この単元も、1学期に姉妹都市リッチモンドからいらしたティファニー先生が、帰国後クラスの子どもたちにお礼のメールを送ってくださったことへの返事を書こうというチャレンジが設定されていました。ティファニー先生に自分たちの楽しい夏休みの思い出を伝えたいという、子どもたち自身の学習のゴール設定だということです。

学習者にとって、リアルなコミュニケーションの動機付けがいかに大切かを示す、見事な授業でした。

さいたま市立岩槻中学校　2年1組

関　勇人教諭（2学期10月）

続いては中学校の授業です。ＡＬＴの先生と英語でミーティングができるレベルの会話力を目指します。

"The Best Japanese Food"をテーマにディスカッション。自分の意見を伝えるだけでなく、相手の意見を受けた返し方も練習します。さらに、プラスワンクエスチョンを加えることで、会話が続き相手への理解がより増すことを生徒たちは納得した様子です。

中学校は発表することが恥ずかしくなる時期でもありますが、このクラスではみんな積極的に発言しています。その秘訣は関先生の態度にあります。普段から「単語だけでもいい、とにかく話してみて」と生徒たちに伝え、間違った表現も否定せずに優しく訂正しています。英語の授業における心理的安全性は子どもにとって最も必要とされる要素です。

さいたま市立白幡中学校　3年2組

赤羽　朋子教諭（2学期10月）

同じく中学校で、パフォーマンステストの授業です。パフォーマンステストは、ディベート大会に出場できるくらいの論理的な主張を目指したものです。生徒たちは赤羽先生の励ましで、様々な表現にチャレンジしていました。評価のサポートや講評はALTの先生が担当し、ブラッシュアップを図っています。

今回のテーマは“The Best Thing in Japan”で、グループごとの対抗戦に入ります。進行役も生徒が担ってスタート。各グループとも理由を述べながら主張に説得力を持たせます。他のグループは、ただ主張を聞いているのではなく、すかさず質問や反対意見を表明。それを受けて、回答を練ったり、再度主張したり、瞬発力が求められます。その場で調べ始めるグループも。筋書きのない本気の体験が生徒の力を鍛えます。

さいたま市立浦和高等学校　2年3組（CommunicationⅡ）

浜野　清澄教諭（2学期9月）

最後に高校の授業です。授業者は、ディベート世界大会に、これまで6回出場したインターアクト部顧問としても知られる浜野先生。先生は、英語ディベートを、言語力、物事を見つめる力、チームワーク、対話の相手と協働して議論する力など、総合力が必要な「英語の全身運動」と表現されています。これはまさに「世界基準の英語力」です！　そして、日々「英語ディベートの手法を活用した授業」の実践者でもあります。

さあ、授業が、スタートしました。教材は『CROWN English Communication Ⅱ』（三省堂教科書）の“Lesson7 Why Biomimicry?” Biomimicry（生物模倣）がテーマの化学分野の内容です。目を引くのは教科書に準拠したオリジナルのスライド教材。写真などが次々と映し出され、動画に慣れている世代の生徒たちも興味津々の様子です。

授業の進行は、教科書とオリジナルの予習プリント。新出単語・フレーズ、音読、内容把握、文法、そして言語活動とオーソドックスな内容ですが、それぞれの活動がとても洗練されていて、言語活動の質が高いと感じました。もちろん、All English での授業展開です。

圧巻は、話題に関する興味深い情報をさらにインプットしたり、自分の考えをペアワークで伝える活動において、相手の話を要約しメモすること、そしてプラスワンの質問をしたりすることなど、まさに、リアルなコミュニケーションに近い言語活動が展開されていることです。また、英語ディベートの基本的なフォーマットが徹底されていて、1時間の授業の中で、読むこと、話すこと、聞くこと、書くことの4技能をフルに使っていて、浜野先生がおっしゃる「英語の全身運動」を展開しています。私は、この授業は、高校英語の完成形の一つだと感じました。

授業終了後、浜野先生に最も大切にしていることを質問したところ「この授業が、誰でもできるようにしたことです」とおっしゃいました。スライド教材も予習プリントも全員で共有し、学校全体で素晴らしい授業を展開している姿に、同校の底力を実感しました。

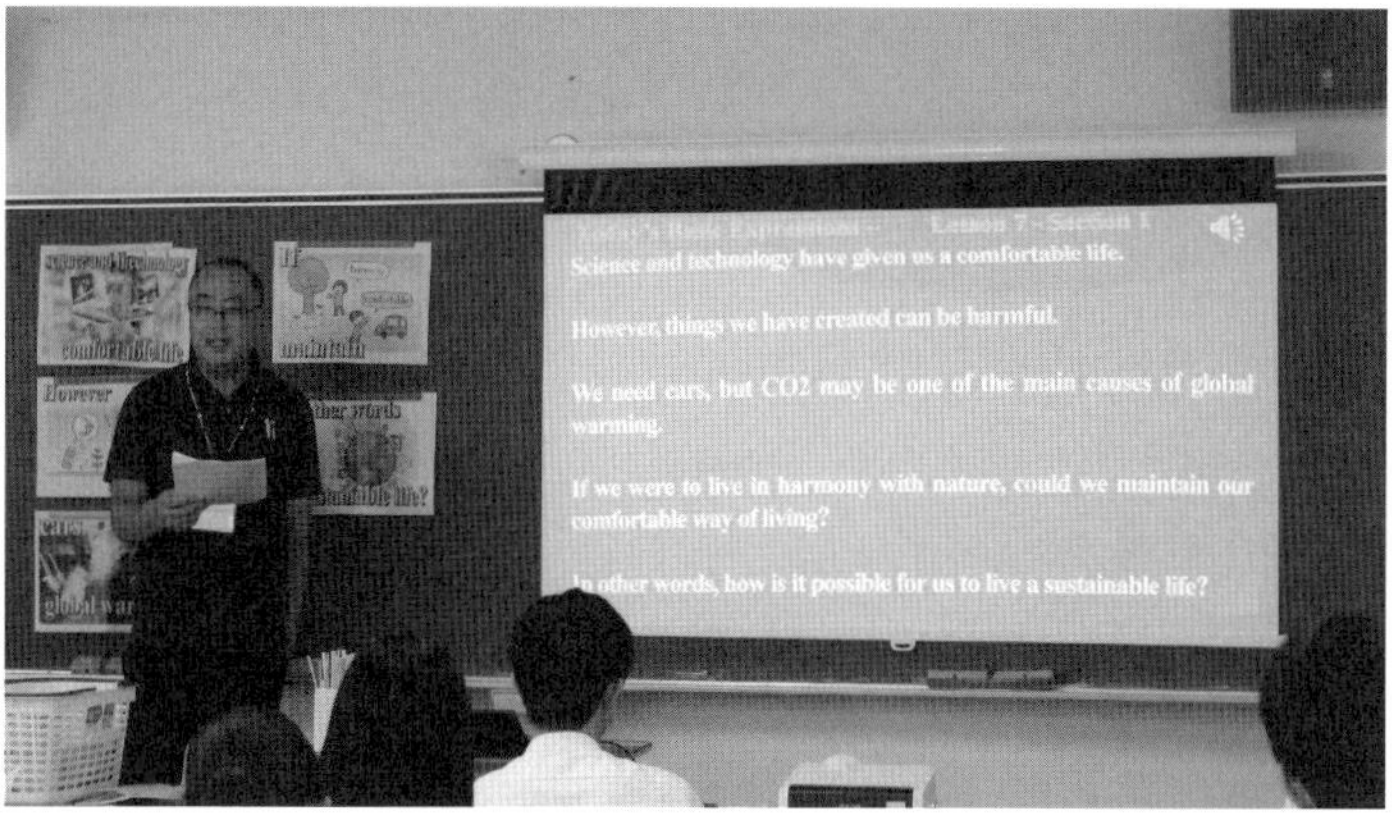

座談会 roundtable

小・中・高12年間の連続性を重視した「世界基準の英語力」を育むために私たちが実践していること

前ページまで、さいたま市を代表する「グローバル・スタディ」（以下G・S）の教師たちの「世界基準の英語力」を育む授業の実際を紹介しました。そして、ここから4人の教師と共に教育委員会の事務局職員も参加し、小・中・高12年間の連続性を重視した「世界基準の英語力」を育む授業実践に座談会を通して迫ります。

以下（　）内は所属（学校種）、教委は教諭歴も併記

2023年9月20日（水）17時30分～
@うらわ美術館会議室
■参加者紹介
さいたま市教育委員会　高校教育課
　　加藤　英教　主席指導主事
さいたま市教育委員会　指導1課
　　紺頼　麻子　主任指導主事
さいたま市立本太小学校　G・S科
　　有江　聖　教諭
さいたま市立岩槻中学校　G・S科
　　関　勇人　教諭
さいたま市立白幡中学校　G・S科
　　赤羽　朋子教諭
さいたま市立浦和高等学校　英語科
　　浜野　清澄教諭
■モデレーター　細田　眞由美

後列左より、紺頼主任指導主事、関教諭、赤羽教諭、有江教諭
前列左より、浜野教諭、著者、加藤主席指導主事

細田——本日のテーマは「小中高12年間の連続性を重視した世界基準の英語力を育むために、私たちがどんな実践をしているのか」です。このテーマで皆さんとお話ししたいと考えた理由は、私が教育長に就任した時から、小中高の12年間の連続性を大事にしたいとずっと思っていたからです。

政令市であるさいたま市は、小学校から中学校、高等学校まで設置できます。小中高を通して発達段階を見据えて、一貫した教育活動が実践できるというアドバンテージを持っています。ですから、この強みを生かさないわけにはいきません。

さいたま市立小学校に入学した新1年生は1年から6年まで小学校で元気いっぱい楽しく学んで、多くの子どもたちが地域の市立中学校に進学しますが、すぐに中学生マインドになるわけではないのです。実は、学校種間の学び方の違いから、学びへの不適応を起こしてしまったり、教科が嫌いになってつまずいたりすることが起こっています。いわゆる〝中1ギャップ〟などは、その典型です。ですから、学校種間の密な連携とか架け橋のプログラムがすごく大事だと思います。

実は、2022年度の「英語教育実施状況調査」の中で「小中連携しているか」という主旨の質問に対するさいたま市の現状は、肯定的な回答が何と100％だったのです。

さて、本日の論点は、大きく分けて2点あります。1点目は、「発達段階、学校種別の実態と具体的な取り組み」、もう1点は、「子どもたちに身に付けさせたい『世界基準の英語力』とは何か」です。では、始めましょう。まずは、小学校の有江さんからお願いします。

有江（小）——小学校では全体的な印象として、子どもたちはG・Sが大好きです。おそらくG・Sはゲームをしたり、歌ったりとか、他の教科と違って、体育と似ている感覚というか、技能的な面で楽しめるので、楽しい授業っていうイメージがあるんだと思います。ですが、やはり学年が進行するにつれて少しずつ学習内容が難しくなってくるので、苦手意識を持つ子も出てきます。小学校のG・S担当者は、できる限りG・Sが楽しくて大好きという子どもを減らさないように努力しています。その結果、小6でも、8割くらいの子たちは、英語が好きと回答する子がいるのは、うれしいです。

また、小学1年生からの積み重ねがありますので、子どもたちの基本的な英語の運用力は確実に身に付いているなと感じています。さいたま市では、現在104校の約8割の小学校でG・Sの専科教員が配置されているので、指導形態もかなり中高に近い専門性を持っている先生方が多いです。フォニックス（208ページ）の大切さも、研修などでよく議論されています。

しかし、実は、課題も感じています。それは、多様な立場の教師が指導しているので、目線合わせは少し難しいのです。私は、専科教員としての採用ではなく、一般採用ですから、担任をずっとやっています。担任はどちらかというと集団経営とか学級経営とかそこから得られたものを子どもたちの学びに活用していくことが多いです。一方、専科の先生方は小学校免許を持っていない方も多いので、子どもたちへの児童理解とか集団経営では結構苦労しているイメージがあります。それから中学校と違って専科は1人しかいないので、指導観の共有が難しい。専科の先生方も日々悩んでいて、専科の研修会の出張で悩みを解消されることがあるようです。

細田——今、小学校教員が持つG・Sの授業の強みについて、お話がありました。面白い視点だと思います。小学校のG・S担当の指導1課の紺頼主任指導主事いかがですか。

紺頼（教委・小）——担任の先生から見るG・Sと専

科の先生から見るG・Sに少し差があることは、教育委員会が主催している研修会でも感じます。

一般的に、小学校の担任の先生は、自身の英語の運用力に対して苦手意識を持つ方もいますが、授業を進めていく際にとても重要になる「グループダイナミクス」といいますか、学級内の子どもの関係性を把握しているので、それは、担任の先生方の強みですね。そして、皆さん、英語の力を付けたいと考えて、夏休みの研修にとても熱心に参加しています。すごくためになったと言って帰っていきます。研修を通して少しずつ自信を付けていることが見て取れますね。

細田――そうですね。そもそも、小学校の先生方の中には、まさか自分が英語の授業をするなんて夢にも思っていなかったという人も少なくないわけですから、やはり研修は大切ですね。私が教育長になってすぐに、小学校の先生にも「ネイティブ研修」を全員に対してやりましょうと声をかけて、実現させましたよね。その「無茶ぶり」に加藤主席指導主事がアイディアから担当してくださいました。2023年度で、対象者全員が修了したんですよね。

加藤（教委・中）――はい。5年かけて約2000人全員が修了しました。小学校の先生方、最初はすごく遠慮がちだったんですが、いざ始めるとものすごく楽しそうに盛り上がっていましたね。それで2日終わると、頭の中で英語がぐるぐる回っているようでした。

紺頼（教委・小）――そうなんです。今年（2023年）は最後の年だったので、これまでずっと参加するのを嫌がっていた先生たちが、いよいよ最終年度で逃げ切れなかったわけです（笑）。でも、最終日に、私はいっぱいメッセージいただいたんですけど、「すごく面白かった」「明日からG・S頑張れそう」って。

本当にうれしかったです。

細田――さて、小学校の先生方が熱心に研修に参加してくださって、良い授業をしようと努力されている様子が紹介されましたが、そういう小学校のG・Sを経て、中学校に入ってきた子どもたちに、どんなG・Sの授業を展開しているのか、お話しいただけますか。

関（中）――はい。G・Sが全校実施になってから8年目になりますので、私が今担任している2年生は、全員小学1年生からG・Sを学んでいます。ですから、中学校側も、小学校でのアプローチの仕方を参考にして中学校英語をスタートさせています。その点「オレンジブック」（指導資料）は、連携がスムーズにできるよう構成されていて、便利ですね。

そして、やはり6年間、計画を立てて、専科の先生や小学校の先生が頑張ってこられた生徒をそのまま受け継いだ時に、本当に授業を進めやすいなって感じました。

ただ、中学1年生の分野は小学校の延長で安心して取り組めるんですけど、中学2年生のちょうどこの時期、「比較級」を扱っていて、小学校のG・Sの延長では難しくなります。今、自分の力が問われているなって感じているところです。

細田――なるほど。小学校の先生方は子どもたちが、できるだけ英語を大好きなままでいてほしいということを意識しながら6年間G・Sをやってきているので、それを継承している関さんのクラスでは、「小学校と同じだ、面白い、楽しい！」って授業に参加していますよね。ところが、中学2年生になって、言語材料もすごく複雑になってくるし、それからもちろん文法事項も扱わなければならないし、その辺のところは、連続性の中でどうクリアしていくかが重要なポイントになってきます。赤羽さんいかがですか。

赤羽（中）——私、現任校で、6年目なので1年生から3年生まで持ち上がりで、すでに2回卒業生を出しているのですが、小学校から系統立ててG・Sの指導を重ねてくると、こんなに力が付くんだなっていうことをすごく感じます。

小学1年生から中学3年生までの9年間を「オレンジブック」を使って授業をやってくると、最後ディベート、ディスカッション、ミーティングまで、こんなに英語で自分の意見を言うことができるようになるんだと、子どもたちのパフォーマンスを見て驚きの連続です。

また、最近入学してくる中学1年生は、日本人の中で英語を話すことを恥ずかしいと思わない、英語を話すことを苦としないというか、うまく話せなくても頑張って何か話すという雰囲気をつくってきているのは、やっぱり小学校のG・Sの努力だと思います。

細田——その積み重ねは大きいですよね。

赤羽（中）——本当に大きいです。日本人だけで英語で話すのはうまくいかないだろうなと思っていたんですけど、小1からG・Sをやってきた生徒たちは、全く抵抗感がないんです。これは、本当に小学校の先生たちのおかげだとすごく感じています。

やはり中学生って点数ばかり気にして、その結果で自己肯定感が下がってしまう時期なので、英語は世界の様々な人々とつながるための道具なんだということを伝えながら、コミュニケーション力を付けていく、そういう授業をしていくことが今の私の目標です。

文法がだんだん難しくなると、G・SがいわゆるGrammar-Translation（文法訳読）の傾向になりがちですが、工夫した授業で乗り切っています。例えば

「比較級」を扱う場合、何かと何かを比べて説明するときに便利だと実際の言語活動の中で気付けるように授業を組み立てています。今扱っている「分詞」もそうです。動詞＋ing現在分詞は「〜している」や動詞＋ed過去分詞「〜されている」という、シンプルな形だけ説明して、その後、分詞を使った表現をたくさんインプットして、このルールが使えると、言いたいことのバリエーションが広がると気付かせます。Canなどの助動詞の役割は強力で、びっくりするくらい自分の意見が言えるようになります。そうやって、しゃべりたくなる授業に仕立てていきます。細かい文法事項なんかを全部落とし込む必要はないと思っています。

中学校教員の悩みとしては高校受験があるので、文法を全部しっかり教えてあげなければと考えている方もいるでしょうが、ゴールはそこではなくて自分の意見を英語で言えるようになることが中学校の英語教育の目指すべきところだと腹をくくることが大切です。要するにそれが「世界基準の英語力」の中学生版なんじゃないでしょうか。

今でも「受験のための文法を教える必要があるのではないですか」と、保護者の皆さんから言われることはあります。そんな時は、「高校入試の問題で、文法事項を直接問う問題などは、すでに皆無なんですよ。それよりも自分の意見が英語で言えることの方が大切ではないでしょうか」とお話しします。

私自身もこの考え方に到達するまでには、紆余曲折、葛藤がありました。でも、今は、不確実な未来を生きていく子どもたちが社会人になっていった時に、自分の意見が英語で伝えられるという自信を持たせることの方が大事だと感じています。

細田——「話すための文法」を授業の中に効率よく入れていること、本当に素晴らしいです。

私の高校英語教師としての経験について、少しだけお話しさせてください。

高等学校は学校によっては、ほぼ全員が大学受験しますので、そういう学校に勤務すると受験に役立つ英語の授業か否かは、強く問われます。私も、何十年も前から、「英語は世界を見る窓」だと言って、G・Sのような英語教育を実践してきましたので、受験英語と一線を画しているように思われ、「大丈夫ですか」などと問われることがありました。そういう時は「授業や経験によるインプットと積極的なアウトプットのバランスが取れた、最も理にかなった英語学習法です」と答えていました。というのは、大学受験の英語は、教養を含めた総合力が問われているからです。英語の構文や文法力だけでは点数を取ることはできません。英文を読み内容を把握する力は、そのトピックに関する自分の知識がものを言います。様々な事象に対する好奇心を持ち、読書し、体験し、教養が底力になって英語力を支えます。だって、英語はコミュニケーションの手段ですから。そして、近頃の大学受験英語は、その傾向がどんどん強くなっています。まさに、G・Sの時代到来です。

さて、中学校のお二人から、「オレンジブック」のことが出ていたので、教育委員会事務局の皆さん、このテキストについてご説明をお願いします。

加藤（教委・中）――中学校用の指導資料の表紙がオレンジなので「オレンジブック」と呼ばれています。テキストのニックネームですね。平成28（2016）年度にスタートした際は「グリーンブック」で、「オレンジブック」は改訂版です。

基本的な考え方としては、「オレンジブック」は、教科書で学んだ知識を活用するためのG・Sに準拠したオリジナルのカリキュラムブックです。指導案や活動事例が具体的に示されています。G・Sは、要は何ができるようになるかが重要なので、教科書に連動させながらそこにフォーカスしたカリキュラムをALTやいろいろな先生方の力を借りながら、作り上げました。

一番工夫した点は、先生方がすぐに使えるワークシートです。データでお渡しして、ベテランも新任もパッと使えるようにしてあります。また、このワークブックの中で書かせる教材もふんだんに入っていて、あるトピックについて考えて、自分の意見をまとめて書く活動を積み重ねていくと、実際、高校入試の問題でも出題されているので、そこにつながっていくわけです。普段の授業でやっていることが、実は入試にもつながっているんだということが、生徒に浸透していますね。

細田——本当にそうですね。「オレンジブック」は、私が教育長だった時に、全面的にバージョンアップした改訂版ですね。文科省も小学校英語を導入しようという時だったので、以前から積極的に小学校英語にチャレンジしてきた自治体として、小学校との連続性を意識した他の教育委員会のモデルになるようなテキストを作りたいと考え、いろいろな人の意見を集約させて作り上げました。そういう意味では私たちの力の結集だなって思っています。

加藤（教委・中）——そうですよね。導入時の「グリーンブック」は徹夜で仕上げたような突貫工事だったんですけど、令和２（２０２０）年度に改訂した「オレンジブック」は、教育長をはじめ、いろいろな方々にご協力いただいて、自信作ができたと自負しています。

もう一つ、「オレンジブック」の特徴は、評価まできちんと扱っているところです。中学校はこれまでペーパーテスト主義でしたが、小学校でのパフォーマンスを取り入れ、それをきちんと評価する姿勢を貫いています。

細田——さて、今度は、高校にどのようにつながっているかお話を伺いたいと思います。

それでは、市立浦和高校での実践を浜野さんにお話しいただけますか。

浜野（高）――はい。高校英語はG・Sではなく、「英語コミュニケーション」と「論理と表現」という二つの科目があります。本校において、純粋にG・Sをやってきた子たちとは、中高一貫校ですので併設された浦和中学校で学んだ生徒たち（内部進学生）です。それで、彼らは、12年間その学びを享受していくわけです。

実は私も内部進学生の2年生の担任をしていますが、生徒たちはやはりパフォーマンス力があるというか、英語という語学を離れたところでも、想像力や人としての優しさを感じるんです。もちろんG・Sだけではないかもしれませんが、G・Sはカリキュラムの中に世界の多様性を知るとか、思考力を問うとか、場合によっては正義感を問うとかそういうこともいっぱい入っていますから、その影響で言語能力だけではなくて、社会はどうあるべきかとか、そういったところまで考えが至る成長をしているのではないかと思っているんです。

細田――私が、この書籍の中で申し上げたいことも、そのことなんです。コミュニケーションの本質は、母語である日本語でも外国語である英語でも、コンテンツのやり取りだけではなくて、感情のやり取り、思いのやり取りだと考えています。

今こうやって私たちは母語で話をしていますが、私が発言した時に、皆さんが、私のバックグラウンドをご存じの範囲で、彼女が、今、なぜこのような発言をしたのかを想像し、時に慮《おもんぱか》って、次に自分の意見をどのように伝えたら建設的なコミュニケーションが取れるかを考える。そうやって、話し合いを重ねていくことで、少しでも良い結論や課題解決につなげていく。それが、コミュニケーションの持つ力だと思うんですね。それを母語だけでなく、世界中の多くの人々が活用している英語でできるようになるといいなあと思うわけです。そして、世界中の人々とのコミュニケーションですから、そのバックグラウンドは多様性に満ちています。私は、英語を使ったコミュニケーションの中で、多様性を理解しつないでいくことができる力を、「世界基準の英語力」だと考えています。人としての優しさとか、どう社会を捉えるかとか、どのように行動していけば、より良い社会が構築できるかというところまで考えて行動に移せる、そういう子どもたちが、世界基準で活躍できる人物になっていくと信じています。

皆さんは、子どもたちが身に付けたい「世界基準の英語力」はどんなものだと考えますか。

浜野（高）——言語力に裏打ちされた倫理感とか正義感とか社会的な知識も育っていかなければいけないので、ただ英語を話せるだけでは「世界基準の英語力」とは言えないと思います。さいたま市の学校に通う子どもたちは、たとえ今は英語の運用力が不十分な場合でも、世界の子たちとうまく交流できる素養は育っていると思います。

一方で、私たちは英語の教師なので、言語力そのものも付けさせていかなければならない。世界の同世代の子たちと対等にきちんと議論したり、互いに理解し合ったりできるような力を身に付けさせなければなりませんね。

細田——その通りです。外国語を習得するには、スキルを獲得しなければなりません。言葉は、ある一定のところまで完全にスキルですよね。そのスキルを身に付けさせていかないと運用力が付かない。

その辺のところも含めて、今、皆さんはどんな工夫をして、「世界基準の英語力」に到達するようにしているかについていかがですか。

有江（小）——私は「世界基準の英語力」とは、と考えたときに、自分の中では、暮らす、楽しむ、後は合わせるの3段階と思っています。まずは必要最低限の日常生活が送れる言語力。次に、気持ちのやり取り、例えば映画を見た感想を人と話し合うとか、時には世界平和について話し合うとか、喜怒哀楽といった感情を共有できるレベル。最終的には、場に合わせた話し方です。例えば日本語でも相手が子どもか大人かによって話し方は変わってきます。そうしたバックグラウンドを読み取る社会性と言語力を合わせて調節することが大事だと思います。それには、やはりある程度のスキルと、異文化理解の側面も持ち合わせることが必要です。

では、私はどう指導していくかと考えたときに、まずは中学校に向けて様々な表現のインプットとパターンプラクティスに加えて、コミュニケーションとしての必要性を持たせていくことを大切にしています。小学校は、パフォーマンス課題も多い発達段階なので、ただやるだけではなくて、例えば自分の作ったオリジナルキャラを紹介するとか、夏休みの計画をより明確にするために友達とやり取りをするといったように、何のためにこのパフォーマンスをするのかを明確にしています。

2学期は自分たちが学んだスキルがどのくらいあるかを一覧に書き出して自分の技として登録することに挑戦していて、子どもたちから80くらい、言語材料が出てきました。野菜の名前から、自分自身の気持ちを表現するところまでいろいろ出てきて、自分たちはこんなに学んできたんだっていう満足感があったみたいです。

そこから、自分たちが表現したいパフォーマンスにはどの表現が必要かを考えて、「あれが使える」「これが使える」って頭の中から引き出して発話するトレーニングをしています。そんな取り組みが、中高につなげられるんじゃないかなって思っています。

細田――中学校では、どんなチャレンジをしていますか。

関（中）――「世界基準の英語力」までは難しいですが、授業をしていく中で英語をコミュニケーションの道具として、間違いを恐れずに発した姿勢を褒めることは大切にしています。中学校ですから、長くて3年担当をするにとどまりますが、その中で何かきっかけづくりや機会を与えていくことが大切ではないでしょうか。

中学生の発達段階では、自意識が強くなり、こんなことを言ったら周りにどう思われるんだろうとか、文法も内容もきちんとしていないと発言しては駄目だなどと、間違いを極端に恐れ始める傾向があります。ですから、クラスの雰囲気をできるだけ和やかにして、どんどん英語でしゃべったという経験をさせたいと考えています。その雰囲気の中で自由闊達に発言した経験が、例えば、高校に進学した後に世界の人々と英語でつながりたいと思ったり、大学進学後に留学を考えたりする、きっかけの一つになればと私は個人的に思ってます。

細田――G・Sの良さが、しっかりつながっていきますね。赤羽さんはいかがですか。

赤羽（中）――はい。私は、世界の同年代の子たちと一つの言語を使って話せるようにさせてあげたい。そのためには、もちろん文法の知識もスキルも必要ですけど、それ以外に相手を尊重する態度を身に付けることも大切だと感じています。アイコンタクトするとか、あなたの話を聞いているよという姿勢を示すために、繰り返したり、相槌を打ったり、表情を使ったりとかは、基本的な態度として世界基準で必要だと思います。

そして、一番大切なことは、自分の意見を持つことだと考えています。相手を知るだけじゃなくて、さらにそれを踏まえて自分の意見を言えるようになるのが「世界基準の英語力」と思っています。

一方で、言葉としての英語運用力を高めていくことも大切です。

先日、英語が話せない移民や親の仕事の関係でアメリカに来たばかりの英語圏以外の子どもたちなどに、カリフォルニアでELD(English Language Development)プログラムを担当している先生と意見交換する機会があったんですが、その先生は、単語ではなくて、センテンス（文）で話させることを大切にしていると言っていました。間違っていてもいいから、センテンスで相手に物事を伝えさせようとすることが、言葉としての流暢さにつながると力説していました。

細田――英語は言葉ですから一つはスキル、つまり技能として身に付けていく必要がありますから、繰り返し発話し定着させて、それを耳で認知し、目で認知し、言葉として使えるようになって、書いても使えるようになる、まさに自転車に乗れるようにならないと次にいけないところがあるわけですよね。そういうスキルをきちんとトレーニングしていく部分と、それだけでは子どもたちもモチベーションが保てないですし、自分で考えて行動するというオーナーシップも育ちにくいので、うまくバランスを取るためにどんな工夫をしているか、浜野さんいかがですか。

浜野（高）――私は、英語はまずは実技だと思っているので、スキルを身に付けるための授業の流れを大切にしています。まさに自転車に乗れるようになることで、バスケットで言えば、どう上手なバスケットプレイヤーを育てるかが一つの授業の目的で、バスケットのルールをよく知っていて、それを解説する人を育てているわけではないということです。

私は、部活動で英語ディベートをやっていて、その部活動で育っている部員たちが世界大会に出たりしています。帰国生とか外国にバックグラウンドがある生徒とかではないですが、一生懸命トレーニングすることで、英語圏のネイティブの高校生たちと対等に意見を戦わせて、勝ち抜いていきます。

それで、部活動でできるなら、当然授業でもできるだろうと考えて、部活で取り組んでいるトレーニングを、授業に落とし込んでいます。教科書の内容をつかみ、その後、そのトピックについて自分の考えを表現させる、そして、大量のインプットがやはり必要なので、音読をふんだんに取り入れますね。音読の教材を工夫すると、とても良質なインプットになります。そして、オーセンティックな文を書くことにもつながります。インプットが少ない場合、どういう英作文を書くかというと、文法でこねくり回したものを書いてしまうので、とても不自然な、これ言わないよねっていうものが多くなってしまいます。自然な英文を書くためには、支えのための文法は当然必要なので、大量のインプットで英語の感性を磨いた上で、文法でそれを支えて書く指導をしています。

授業の流れは、リーディング（Reading）は、教科書の内容をつかむためにまず教科書を読みます。しかしこれだけではインプットが足りないので、オーセンティックな興味深い教材を用意し、それを読みこなします。次に、リスニング（Listening）は、教科書や独自の教材の内容についての聞き取りクイズ（Listening Comprehension）を実施します。スピーキング（Speaking）は、自分の意見を述べるスピーチ（Speech）か、教材によっては発表（Presentation）を入れます。発表（Presentation）では、ペアが発表した内容についての質疑応答を加えます。そして最後がライティング（Writing）。自分が発表したものを書いてまとめます。1時間の授業の中で、5領域4技能を適切に入れています。それが日々の授業の展開です。

細田――非常にバランスの良い授業ですね。この積み重ねで本当に力が付きますね。

浜野（高）——特に、発表（Presentation）とその後の質疑応答は、時間は1分程度与えているのですが、最初は、1往復の質疑応答がやっとでしたが、最近は、3往復くらいできるようになっていて、言語の習得は積み重ねが非常に大切だと痛感しています。

部活動の場合は、トピックを与えて、1人8分くらいスピーチができます。プレゼンとなれば、相手に分かりやすくテーマに迫り、20分くらいしゃべっちゃうんですね。生徒の可能性ってすごいですね。我々に足りないのは、圧倒的に言語活動の時間です。

細田——本当に、時間が足りないですよね。日常的な会話レベルを身に付けるのに8800時間から1万時間くらいかかるともいわれています（187ページ参照）。さいたま市立学校は、小学1年生からG・Sをたっぷりやっていると言ったって、1万時間まで到達しません。そうなると、私たち英語教師に求められる力は、授業の充実はもとより、子どもたちにどうやって、英語を学ぶこと、英語を自分のものにすることに興味を持たせていくかになりますね。さいたま市は、多くのアウトプットの機会を用意していますが、その体験を一過性のものにしないために、各ご家庭で英語に触れる環境をつくっていただけたら、すごくうれしいですよね。

皆さんどうお考えですか。

加藤（教委・中）——私は、中学校の英語教師がスタートなんですが、教材の内容を把握したり、コンテンツについて質疑応答などができるようになったり、ある程度英語の運用力が付いてくると、踊り場みたいになって突然伸びなくなる時期があることがずっと気になっていました。

何だろうって観察してみたら、言うことがなくなっちゃうんです。だから、母語か外国語かに関係なく、社会で起こっていることに関心を持ち、自分の意見を持つ習慣を付けることが大切だと痛感しています。教科の壁を溶かして関心を持つことや様々な体験をして、自分の意見を言語化することがとても大切になってくると思います。小学校ならば自分の地域などに関心を持ち、好きなことをいっぱいやって、中学校で日本や世界の課題に興味を広げていく。その時に、学校だけではなく、家庭での働きかけがとても大切になってきます。もちろん、英語表現が身に付いていないという面もありますが、日本語で発表させたり書かせたりしようと思っても、実は言いたいことがないいんですよ。

SDGsとかって、今流行りじゃないですか、だけど、通り一辺倒のことは知っているんだけれど、自分ごととして考えているかと言ったらそうでもない。オリジナリティもない。ましてや、それを英語で伝えようという場面がない。だから「世界基準の英語力」は、英語のみならず、学ぶ意欲を持ち続けることによって身に付くものだと思っています。

G・Sの授業の中で学びのきっかけを手渡して、学校から帰って家の人と話したりインターネットで調べてみたりする。そして、明日のG・Sで続きやるから、英語で何て言うんだろうって調べたりすることに発展すると思います。小学生でも、びっくりするような単語を時々使うことってあるじゃないですか。その子にとって意味のある単語はどんなに難しくても定着するんですよね。その単語に自分の思いが乗っているから。そのためにはどれだけ中身のある、しゃべりたいことを増やす授業を実践できるかにかかっていますね。

細田——本当ですね。

今のお話の裏付けのデータとして、「全国学力・学習状況調査」が発表になりましたが、日本の子どもたちの「話す力」が、低いという結果が出ました（102ページ参照）。結果の分析の中で二つの課題が明確になりました。一つは、海洋プラスチックの問題に対する知識がない、または自分の意見がない。もう一つは、こういうことを言いたいと思っても、そのことを英語で表現する運用力がない。まさに私たちが子どもたちに付けたい力そのものですよね。

私、先ほど、大学入試の英語は、総合力がものを言うと言いましたが、私たちの授業の中だけでは難しいとなると、教科の壁を溶かして様々な知識を有機的に結び付ける力だったり、家庭でのちょっとした環境づくりが本当に大切になりますね。

赤羽（中）――授業の中で、SDGs、SNSの問題、世界遺産を扱っていて、生徒は難しさを感じています。SDGsは表面的には知っているけれど、G・Sだと自分の意見を英語で発言することが求められるわけです。話題についてリサーチしたり、それに関連する単語をインプットしたり、とても、授業時間内に扱い切れません。日頃から、ニュースなどで耳にしたら家族で話題にしたり、ちょうどG・Sでディスカッションしているから英語で何て言うのか調べてみたり、家庭でやってほしいという思いは常々ありました。そういった環境づくりが家庭でできたら、子どもたちが主体的に必要な単語も調べてくるだろうなって思っています。

細田――子どもたちに学びたくなる、もっと知りたくなる仕掛けづくりをしていく、私たちにもそんな力が求められているのかもしれませんね。

関さんはご授業以外のことについてはいかがですか。

関（中）――保護者の方々にはぜひプロセスを見てほしいと思います。生徒たちは本当に頑張ってるので、そこを認めてほしいです。結果だけではなくて、頑張っている過程を認めてあげて、じゃあ次、頑張ろうよと。

加藤（教委・中）――ビデオを撮ってあげるといいですね。そして、保護者会とかで子どもたちのパフォーマンスの様子をお見せする。すると、どんなに頑張っているか一目瞭然で保護者に伝わりますよ。

細田――なるほど。有江さんはどうですか。

有江（小）――小学生ってすごく面白いなって思います。英語が面白くて仕方なくなると、急に他の教科でも英語で学び始める子が多くて。今日もそうだったんですけど算数とか、だんだん英語でやってくる感じですね。

細田――えっ。それどういうことですか？

有江（小）――私は、担任ですから、今日も、算数の授業をやったんですが、単元は「公約数」です。もちろん、普通に日本語でやっていたんですが、急に子どもたちが英語で何か言い始めているんです。It's何とかとか、twelve divide four equal three（正しくはTwelve divided by four equals three.　12÷4＝3）とか勝手に足したり引いたりを英語で始めるので、びっくりしました。それだけではなくて、休み時間などもG・Sで扱った英語の歌をよく歌っています。

小学校の子どもたちにとって、英語のハードルって低いんだなっていつも感じています。

G・Sが大好きな子たちに聞いたんですが、おうちで保護者の方と一緒に歌ったり、覚えたセンテンスを使って話したりしているみたいですね。

紺頼（教委・小）――そういうのいいですよね。私も、聞いたことがあるんですが、さいたま市のオリジナルテキストの中に、親御さんの興味を引く教材が結構あって、ご自身の学び直しにお子さんと英語で遊んだりするみたいですよ。

細田——うわーすごい！

有江（小）——本当に、小学校でのG・Sが、家庭での学びのきっかけづくりになったらいいなって思います。小学校では、とにかく楽しく、英語が大好きだということを持続させるような学びを心がけています。それが学ぶ動機付けになりますから、中学校、高校とつないでいくためにも、家庭でも楽しく英語に触れていただきたいです。それで、私は、英語の絵本とかを、紹介しています。

細田——小中高の12年間の連続性に加えて、家庭との連携がもっともっとできれば、さいたま市の英語教育は向かうところ敵なしですね（笑）。

では最後に、「世界基準の英語力」を日本中の子どもたちにプレゼントするために、こんなことができたらいいなっていう希望や思いを、一言ずつお願いします。

有江（小）——ここまでお読みいただき、ありがとうございます。偉そうなことを言える立場ではございませんが、本書を手に取ってくださった皆さまと英語がほんのちょっとでもお近づきになるお手伝いができたら幸いです。

関（中）——世界中の方々とつながることができるツールの一つが英語です。特にさいたま市の英語教育G・Sでは、世界の方々と今すぐにでもコミュニケーションできる力が付いています。あとは、一歩踏み出す勇気です。Be ambitious!!

赤羽（中）——「世界基準の英語力」を育成するためには、12年間の連続性を意識して授業を展開していくことが重要だと改めて感じました。学校では、子どもたちの発達段階に応じて、適した教材で適した環境をつくり、たくさんインプットとアウトプットさせていくことで学習したことの運用力につなげていきたいです。また、家庭でも、子どもたちが社会に目を向け、自身が疑問を持ったり興味を持ったりしたことに関してご家族で会話したり、一緒に深めたりする機会が持てると、発信したいという子どもたちの意欲がより高まることにつながっていくだろうと感じました。英語というスキルを身に付けることも一つの手段ですが、自分の意見を様々な方法で「世界に」発信したいという気持ちを育むことも大切だと思いました。

浜野（高）――さいたま市では小・中・高12年間で「世界基準の英語力」を育てることを目標にしています。世界基準とは、英語力自体の向上はもちろん、論理的な考え方や、社会問題への関心も深め、異文化に対して柔軟な態度を育てることだと考えています。また、高校生では、平和・正義・平等といった理念や倫理観、社会問題に対する解決策などを表現できる、グローバルに活躍できる国際性豊かな人間性を育てることを重要視しています。武力や暴力ではなく、言葉による話し合いで問題を解決していく「健全な市民の育成」と「世界平和の実現」に向けて、全力を尽くしていきたいと思います。

紺頼（教委・小）――「将来、G・Sで培った英語を使って、広い世界に飛び出したい！」と、すべての子どもたちに思ってもらうことが、私の目標です。そのために、「コミュニケーションを図る道具としての英語力」や「関わる相手を大切にするコミュニケーション力」を実際に活用してみるアウトプットの場を、多くの子どもたちのニーズや興味に沿うことができるよう、様々な趣向で提供したいです。

加藤（教委・中）――さいたま市に限らず、子どもたち一人ひとりが、教師や保護者の皆さんが想像している以上に潜在的な英語力を持っていると、教えていていつも感じています。G・Sを学んでいるさいたま市の生徒たちも、英語を楽しみながら学び、私たちの予想を超えた英語力を身に付けています。教師として子どもたちの好奇心をいかに刺激しながら、教師自身がG・Sを教えることそのものを楽しみながら授業できることが、とても大切だと感じています。

細田——皆さん、本日は、本当にありがとうございました。

第5章

家庭で取り組む英語環境づくり「さいたまメソッド」

さいたま市に移住しなければ
「さいたまメソッド」はできない？
いいえ、ご家庭でも簡単に取り組めるコツがあります。
家庭での学びは「世界基準の英語力」に到達するための
一番の近道です。
そして、大人も負けていられません。
早速今日から、楽しく始めましょう！

英語習得に必要な学習時間と動機付けをどう確保するか

英語が苦手な日本人

これまでの日本の英語教育についての批判の代表には、「長年英語を勉強してきても一向に使えるようにならない」という恨み節に近いものがあります。長年英語教師として教壇に立ってきた者としては、責任を感じます。

その実態を世界の英語力の指標から見てみますと、次のような結果でした。

国際教育事業のリーディングカンパニーであるイー・エフ・エデュケーション・ファーストが２０２３年版英語能力指数ランキングを発表しましたが（ＥＦＥＰＩ）、それによると日本の英語力は世界１１３カ国中87位でした。

ＥＦＥＰＩでは、各国・地域の英語能力レベルを表す5段階の分類を定めており、最高ランクの「非常に高い（Very High Proficiency）」英語力は、「英語のネイティブスピーカーと契約交渉ができる」といったレベルを指します。今回の結果で「非常に高い」英語力を持つと分類された12カ国のうち、ヨーロッパ以外の国・地域からランクインしたのは、２位のシンガポールと9位の南アフリカのみでした。日本は、このカテゴリーで4段階の「低い」英語能力でした。

日本語は英語とかけ離れた言語

なぜ、日本人は英語が苦手なのでしょうか。

理由はいくつかあると思いますが、大きな理由の一つには、「**日本語は英語とかけ離れた言語**」、つまり、言語間の距離が遠いということが挙げられます。このことは多くの方が指摘しているところです。

言語間の距離を説明する際に用いられる尺度の一つとして、アメリカ合衆国国務省（United States Department of State）が公表している、言語習得難易度ランク（Language Learning Difficulty for English Speakers）というものがあります。これは、アメリカ外交官養成局（FSI：Foreign Service Institute／国務省の外交官育成機関）が、英語を母語とする局員が習得するのにかかる期間をもとにして各言語の習得難易度を一覧化したものです。

日本語は最高難度のカテゴリー5に位置付けられていて、しかも、＊が付いており、「同カテゴリーの他の言語よりも難易度が高い」ことを示しています。つまり、日本語は、唯一の〝カテゴリー5＋〟として、最高難度に認定されているのです。

ちなみに、アメリカの外交官が日本語を「日常や専門コミュニケーションにほぼ支障が出ないレベル」に達するために必要な学習時間は、2200時間となっています。

英語を習得するために必要な学習時間

さて、普通の能力の日本語話者である私たちが英語を習得するのにかかる時間は、この2200時間を鵜呑みにするわけにはいかないと思います。

前述の学習者は、アメリカの外交官ですから相当に高い知的レベルや高い言語習得能力を有するであろうと推察されますし、この時間は教室での学習時間であり、宿題や教室外での主体的な学習時間は考慮されていないようです。ですから、私たちが英語を習得するためにかかる時間は、教室での学習時間に加えて家庭等での英語に触れる時間などをトータルに換算するのが妥当でしょう。

私は、外国語学習の研究者ではありませんので断言するわけにはいきませんが、長年英語教育に関わってきた経験や英語教師たちの意見交換などを参考にしますと、2200時間の4〜5倍の時間を有するのではないかと感じています。あくまでも感覚ですが、時間と根気が必要であるということは、本書を読んでくださっている皆さんも実感されていると思います。

いずれにしても、**英語は日本語とは言語的な構造や文化的な構造が全く異なっており、習得するには非常に難易度の高い言語ですから、習得には時間がかかることは間違いありません。**

そこで、私たちのような平均的な言語学習能力を持つ日本人が英語を習得するためには、仮に4倍程度の時間を要すると仮定しましょう。

2200時間×4＝8800時間

何と、8800時間程度の学習時間が必要になりそうです。

さいたま市の「グローバル・スタディ」は、他の自治体より断然豊富な授業時間を設定していますが、それでも小学校、中学校の9年間の総授業時間は、890校時（授業時間）にとどまります。とても足りません。

しかし、仮に、1歳前後の幼児期から家庭で毎日1時間程度英語を聞いたり、読んだり、話したり、書いたり、英語に触れることを実行したならば

ほぼ毎日1時間程度と仮定して300時間×15年＝4500時間

学校での英語学習時間と家庭で英語に触れる時間を合わせると、5500時間程度が確保できます。学習でなくていいのです。とりわけ幼児期と小学校段階は「英語に触れる」だけでよいのではないかと考えます。15歳までに、これだけ英語に触れる時間を確保できるとは明るい兆しが見えてくると思いませんか。

つまり、ここで申し上げたいことの一つ目は、日本語と英語の言語の距離を考えると、学習時間を確保する必要があるということです。そして、残念ながら、教室の中だけでは時間が足りません。ですから、**各家庭での英語に触れる環境づくりは、とても大切**なのです。

英語を習得するための動機付け

さて、日本語と英語の距離がかけ離れていることは分かりましたが、同じカテゴリーに位置付けられている韓国語の話者である韓国の英語能力指数ランキング（EFEPI）を見ると、「標準的」の49位となっています。そして、もう一度日本人のランキングについて確認すると、「低い」の87位です。

なるほど。

この結果を見てみると、単に「言語間の距離が遠い」から、日本人は英語が苦手なのだとばかり言っていられません。

どうやら、別に大きな理由がありそうです。


これまで日本にいれば英語が使えなくても困りませんでした。国内に日本語の話者が1億2000万人いて、あらゆる情報が日本語により十分伝達され、国内のマーケットでそこそこ経済が成り立っていました。つまり、英語を習得するための強い動機付けがありませんでした。

アジア諸国でも、英語が社会的・経済的に重要な位置を占めている国、例えばシンガポールやインド、そしてフィリピンでは、学習者のモチベーションが高く英語力もとても高いということからも、日本の状況が分かると思います。


日本社会での英語学習の動機付けといえば、「受験」が大きかったので、中学校、高校の英語教育は、受験に必要な英語力、つまり「文字情報を読んで鉛筆で答えを書く力」を身に付けることに偏っていたと言わざるを得ませんでした。残念ながら、その力だけでは、コミュニケーションの手段としての英語力が身に付きませんので、冒頭の「長年英語を勉強してきても一向に使えるようにならない」という恨み節につながっていると言えます。そして、英語に限らず他の教科においても「記憶力と根気競争」の勝者（受験の勝者）が、これまでの日本社会の中心で活躍してきました。

しかし、グローバル化の進展と共にあった平成の30年間で、どうやらその価値観を大きく変えていかなければならない状況になりました。

1989年の世界の時価総額ランキングに日本企業がトップ30に20社以上入っていた時代から、わずか30年余り、2023年7月には、トップ30には日本企業は1社も入っていない状態となってしまいました。50位以内にかろうじてトヨタ自動車の名前があるのは、皆さんもご存じのことと思います。

20世紀終盤から21世紀にかけて負け続けてしまった日本経済。そして気候変動、世界の分断、極め付きはコロナ禍を経験し、世界に横たわっている様々な課題を解決していくためには、世界といかに対話していくかが問われていると痛感した人々は、少なくないと思います。

世界に山積している課題には、答えが容易には見つからないもの、答えが一つではないもの、答えがないものさえあります。世界中の人がつながり、話し合い一緒に考え抜くことができれば、私たちだけでは考えつかなかったアイディアに辿り着けるかもしれません。その際、好むと好まざるにかかわらず**英語がコミュニケーションの手段となる**ことを、誰も否定することはできないのではないでしょうか。

ですから、これからますます日本の学校で学ぶ子どもたちにとっても、「英語は世界を見る窓」であり、世界の多様性を認めつないでいく道具であることが英語学習の動機になっていくはずです。

さいたま市教育は、そのことにいち早く気付き、私たち独自の「グローバル・スタディ」を中心とした「さいたまメソッド」を確立しました。

さて、ここまで「英語習得に必要な学習時間と動機付けをどう確保するか」について、第一に「日本語と英語の言語間の距離」が遠いことから、学習時間の確保が大切であること、第二に、これまでの英語学習の動機付けからの転換が必要であることを述べてまいりました。

この後の項から、「世界基準の英語力」を身に付けるために必要な「家庭で取り組む英語環境づくり　さいたまメソッド」について、順に述べてまいります。

親ができることは、環境づくり

英語との出会いを大切にしましょう

子どもたちは、英語が大好き！

第1章で「グローバル・スタディ」の授業風景を紹介した通り、子どもはとにかく歌やゲームで英語を学ぶことが大好きです。単語カードなどではなかなか覚えられない「月」や「曜日」も、歌やダンスでアレンジすれば、あっという間に覚えてしまいます。

よく保護者の皆さんから、「英語はいつから勉強すればよいか」とか「家庭ではどのように勉強させたらよいか」という質問を受けますが、私は、「**親ができることは環境づくりです**」と申し上げています。そして、環境づくりで大切なことは、**「英語を学ぶことは楽しい」という感覚を持たせる「英語との出会い」を大切にする**ことです。

特に、幼児期や小学校低学年の頃は、子どもにこの感覚を持たせ続けることで英語をもっと勉強したくなる気持ちのエンジンになります。親の手を離れ自立して英語学習に取り組んでいく中学生や高校生になった時、このエンジン、つまり「モチベーション」が大切になることは、前にも申し上げた通りです。

そもそもご自身が英語に自信があり教育熱心な家庭の保護者や、ご自身がこんなに長い時間をかけて英語を勉強しているのに全然使えるようになっていないことを残念に思っている保護者の場合、ついつい早期教育に力が入ってしまうようです。

食事の時も車で移動する時も、四六時中英語を聞かせて耳を慣れさせようとしたり、単語が大切だからフラッシュカードを使ったりして暗記させようとしたり、英会話教室やオンラインの英語学習を活用したりして……。手を変え品を変え、我が子をバイリンガルにしたいと奮闘していらっしゃる。そして、子どもが乗ってこないとイライラしてしまう。

しかし、勉強感が強いと、子どもはすぐに嫌になるものです。

例えば、小学生の我が子を英会話教室に通わせているとしましょう。レッスンに付き添っているお母さんやお父さんが、子どもの間違いや参加している態度が気になって気になって仕方がないので、帰りの車の中で、

「もっと、元気よく答えなくちゃ駄目よ」

「『お父さんはサッカーが好きです』は、"My father likes soccer." でしょ。likes よ！」

なんて、三単現のｓまで指摘しちゃったら子どもは、もううんざりです。度重なれば、英語が嫌いになるでしょう。だって、子どもたちは、英語が話せるようになりたいからやっているのではなくて、ノリノリで音楽と一緒に体を動かすことが楽しいから参加しているのですから。

まずは、親がその様子をうれしそうに見守っていくことに徹するといいでしょう。

私たちが母語である日本語の話者になっていく過程で、「まんま、うま」を「違いますよ。ごはんは、おいしいですよ」と直されたでしょうか。私も、我が子が、二語文を話し始めた時の感激はひとしおでした。「まんま、うまうまねえ。おいしいね」とニコニコしながら相槌を打ち喜びました。子どもは、お母さんをはじめとして身の回りの人々がうれしそうに相手をしてくれることに喜びを感じ、その信頼関係の中で確実に母語を獲得していきます。

外国語である英語も同様です。**英語に触れる環境を無理しない程度につくり、子どもが楽しそうにしている様子を親も楽しそうに見守ることが大切**ではないでしょうか。

無理しない家庭での英語環境づくり

まず、我が子をどんな英語話者にしたいかということについて考えましょう。

我が子を、英語ネイティブと同様の英語話者にしたいとお考えの場合は、日本で生活する一般家庭ではかなり難しいと思います。もちろん、インターナショナルスクールに入学させるとか早い時期から留学させるとかといった方法を選択する場合は、お子さんがネイティブ並みになることは十分に期待できます。しかし、インターナショナルスクールの学費（授業料）は、「年間150万円〜300万円」が一般的な水準です。そして、授業料以外にも諸費用がかかりますので、経済的負担はかなり大きいものと思います。

留学については、留学する国によっても違いますが、いずれにしましてもインターナショナルスクールで学ぶ際にかかる費用を上回る経費が必要になってくるでしょう。

留学先での生活費も必要ですし、ボーディングスクール（全寮制の学校）の場合は、その費用もかなりかかると思います。留学斡旋会社の情報によると、寮費だけでも年間300万円以上になるそうです。

また、インターナショナルスクールや海外留学は、経済的な負担が大きいばかりでなく、日本国内の1条校（学校教育法の第1条に掲げられている学校）扱いにならない学校が多いので、途中で日本の学校へ進路変更することが難しい場合もあります。特に、インターナショナルスクールで学び始めたら、高校卒業までずっとインターナショナルスクールで学び、その後、海外大学へ進学することになる場合が多いので、その費用を用意する必要があります。

以上の点から、本書で申し上げている「世界基準の英語力」とは、日本の公教育で学んでいくことを前提とした中で、我が子に「世界の多様な人々と話し合い、自分の頭で考えることができる態度やそのための基礎力」を付けたいとお考えのご家庭への提案です。

そして、目標は、高校卒業時点でCEFR B2レベル、実用英語技能検定で準1級、TOEFL iBTであれば72–94を目指していきましょう。CEFR B2レベルはかなり高い目標ではありますが、小・中・高の発達段階と連続性を意識しながら取り組めば、到達可能です。高校卒業時点でお子さんがCEFR B2レベルに到達すれば、英語の運用面では「世界基準の英語力」の基礎部分は十分に育成されると思いますし、本書で繰り返し述べています「自分の頭で考えてそれを言語化する」マインドセットこそは、家庭の中では育まれる部分が非常に大きいので、保護者の皆さんの意識改革がとても重要になってくると思います。

さて、目標も定まったところで、日本全国のごくごく普通のご家庭に参考にしていただける、さいたま市立学校で実践している「グローバル・スタディ」の家庭での実践版「無理しない英語環境づくり」について述べていきます。

幼児期から小学校での取り組み

幼児期は英語の音の貯金をつくりましょう

1歳前後から就学前までの5〜6歳の幼児期は、**とにかく英語の音の貯金をつくりましょう**。

ここでは、「**フォネミック・アウェアネス**」という、英語の歌や童話やおとぎ話の読み聞かせ音声などをかけ流すことによって、子どもが読み書きを始める前に、単語はどのような音の組み合わせで成り立っているかを耳から理解するというメソッドを紹介します。

これは、アメリカの移民の子どもたちの英語力を高めるための指導法が根拠になっていますが、私は、『アメリカの小学校ではこうやって英語を教えている』（リーパー・すみ子著、径書房）で巡り合いました。今や、多くの幼児英語教育の研究者が提唱していますが、さいたま市の「グローバル・スタディ」へつなげていくためにも、この時期の英語の音の貯金は有効だと実感しています。

しかし、注意していただきたいことが2点あります。

1点目は、**子どもに英語を教えようという働きかけはしないこと**です。子どもが食事をしている時や遊びに夢中になっている時などに、BGMのように小さな音でかけ流すだけで十分です。そして、子どもが関心を持ち始めたら、親も一緒に歌ったり、踊ったりしてはいかがでしょうか。この時期は、それだけでいいと思います。とにかく、英語を教えようと思わないでください。

2点目は、**同じ歌や童話などを繰り返して流してください**。次から次へと新しい歌や物語を聞かせたくなりますが、子どもには、繰り返しが重要です。

私の子育ての経験を少しお話しします。

私には、2人の子どもがいます。

子どもが生まれた時には、これまでお話ししてきた通り、私は「英語は世界を見る窓」と考えていますので、我が子に、ネイティブ並みの英語をプレゼントしようと思っていました。しかし、フルタイムで働く高校教師の夫婦には、インターナショナルスクールに入学させるお金も、我が子に英語を注入するための時間もたっぷりありませんでした。そこで、第1子が生まれた時に、ワールド・ファミリーの「ディズニー英語システム」という子ども用の英語教材を購入し、これを活用することとしたのです。音の貯金にはぴったりのシステムでした。育児休業中こそ存分に活用できましたが、私が復職してからは、そうはいきませんでした。

第1子は生後8カ月、第2子は5カ月で母親が復職してしまった我が家の子どもたちには、親が手取り足取り英語をインプットする余裕はないので「フォネミック・アウェアネス」の理論、つまり文字通り英語の単語はどんな音と音の組み合わせで成り立っているのかを意識するための「聞き流し」だけはやろうと決心して始めました。そして、これが功を奏しました。

1日の大半を過ごしている保育園では、日本語だけの環境ですから、子どもたちは、帰宅後の英語の歌やダンス、DVDのストーリーに沿ったテキストを見るのが楽しみで楽しみで仕方ないといった感じでした。毎日1時間以内と決めていましたが、父と母が夕食の準備や家事をやっている間は、歌ったり踊ったり本当に楽しそうでした。

保育園から帰ってきて就寝までの短い時間に、歌やストーリーをかけ流す程度の活用でしたが、英語教師の私にとって、我が子が英語の歌やリズムを楽しみ、歌ったり体全体で踊ったりして、英語を特別なものとして意識しないまま表現する姿を目の当たりにして、「フォネミック・アウェアネス」の効果を実感するところとなりました。

そして、我が家の子どもたちは、単なる「聞き流し」だけに徹したにもかかわらず、早い段階からコミュニケーションの道具としての英語に興味を持ち、ＤＶＤの中のキャラクターとの会話へと発展しました。

娘：What is your name?
Mickey：My name is Mickey.
娘：Hello Mickey.
　　My name is Miku.
　　Nice to meet you, Mickey.

本当に楽しそうに、画面の中の Mickey Mouse とあいさつを交わしていました。

私は、英語教師ですから教えることのプロだと自負していますし、何かを始めると徹底的にやってしまうタイプなので、もし私に十分な時間があったら、教育的な働きかけを積極的に行い、その結果、我が子を追い込み「英語嫌い」にしてしまったかもしれません（笑）。

夫はよく「子育てについては、君のようなタイプは、忙しすぎて少し手を抜かざるを得ない状況の方がうまくいくね」と言っていましたが、その通りでした。

ですから、多くの働くお母さんたちへ申し上げます。

子どもの主体的な学ぶ力を引き出すためには、環境をつくってあげて、その後は子どもの様子は常に見ているけれど、余計な口出しをせずにどこまで適切に見守っていけるかにかかっています。だから、ちょっと忙しいくらいがちょうどよいのかもしれません。これ、私の体験です。

また、以前は、母語の習得中に外国語学習を行うと混乱するとか、母語がおろそかになって後々困ると言われていましたが、現在の研究では、十分に母語を聴いて育つ環境にあれば、外国語を聴かせるくらいで、母語に悪影響を及ぼすことはないと分かっています。ですから、安心して「無理しない家庭での英語環境づくり」にチャレンジして、我が子に英語というギフトを与えましょう！

実は、この経験が、後の「グローバル・スタディ」のＤＶＤ作りにつながっていきました。さいたま市オリジナルのＤＶＤについては、第2章でご紹介した通りです。

私の子育ては、今から30年ほど前のことですから、現在ほど幼児期の英語教育に関する情報がありませんでしたし、何より現在のような豊富なコンテンツはありませんでした。今やインターネット上に無料のコンテンツや情報があふれています。また、どれもとても優れていますので、いろいろチェックされるといいと思います。

ぜひ、取捨選択して賢く使ってください。

小学校低学年も音の貯金がメインです

小学校低学年は、さいたま市立学校のように小学1年生から英語を学校で扱っているか、学習指導要領通り小学3年生から導入している学校に通学しているのかによって「親ができる環境づくり」には、そんなに違いはありません。なぜならば、とにかく、**音の貯金をしていくことが大切な時期**だから、それさえ押さえておけばよいからです。

まず、さいたま市立学校と同様に小学校入学とともに英語学習が始まる学校に通学している場合は、学びのペースをすっかり学校に任せてくださって大丈夫です。

本書の第1章・第2章で紹介している、さいたま市の「グローバル・スタディ」は、「英語は楽しい」「英語嫌いをつくらない」をコンセプトにしていて、徹底的に英語を楽しむメソッドですから、ご家庭では、学校での学びの伴走をしてください。

幼児期に実践していた「聞き流し」を続けていただくことはもちろんですが、学校で歌っている英語の歌を、親子で全身を使って歌ったり、踊ったりすれば、お子さんの喜ぶ顔が目に浮かびます。お子さんが大人になっても、"ABC Song"をお母さんやお父さんと飛び跳ねて歌ったあの楽しかった瞬間をずっと覚えているでしょう。その**楽しい記憶が、学びの「エンジン」になっていきます**。私は、長い教師の経験の中でその信頼関係で結ばれた親子が、素晴らしい結果を出している様子をたくさん見てまいりました。

皆さん、決して難しいことではありません。チャレンジしてみてください。

さて、小学1年生から英語を導入していない自治体にお住まいの皆さんは、ゆったりした英語の音の貯金を始めてください。そして、子どもが英語に対する興味が強くなってきたら、音の貯金に加えて、英語の絵本を子どもの傍らに置いてみてください。

それも、できたら**音が出る絵本や音声付きの絵本**が良いと思います。お子さんと一緒に絵本を開いて、親子で音声を聞き、その音に合わせて読み合うこともいいですね。幼児期から「フォネミック・アウェアネス」で英語の音の貯金を続けてきた我が子の発する英語の発音はびっくりするくらい自然ですから、お子さんがお母さんお父さんに絵本を読む役割を担ってもらいましょう。その時は、思いっきり褒めてから、読んでくれたことに対してお礼を言ってください。お子さんの英語好きに拍車がかかると思います。

小学校中学年から高学年はダイナミックな言語活動を支援

さあ、いよいよ、日本中の子どもたちが学校で英語学習に取り組む小学校中学年から高学年です。とりわけ、小学3・4年生の子どもたちは、他者と積極的に関わっていく発達段階ですから、**外国語による聞くこと、話すことの言語活動を通して、コミュニケーションを図る素地となる資質・能力を体験的に育んでいく最適な時期**と言えます。

お子さんの通学している小学校でも、全身を使って、ダイナミックに言語活動を実践していると思いますから、保護者参観日などでその様子を観てください。そして、学校で頑張っていた我が子を褒めてあげてください。

もし、万が一、お子さんの学校の英語の授業が納得いかないスタイルだったとしても、帰宅後、お子さんの前で先生の批判をするのは、どうか我慢してください。先生の授業を否定してしまうと、お子さんは学校で先生の言うことを聞かなくなりますし、最悪の場合は英語が嫌いになってしまうかもしれません。ぐっと我慢して、それまで続けてきたご家庭での、音を大切にしながら文字にも無理なくなじませていく方法を継続してください。そして、保護者会などの場面で、本書を話題にしていただければありがたいです。

小学校の教師の大半は、小学校免許取得の際、英語の指導が課せられていませんでしたし、自治体によっては、十分な研修も実施されていないこともあり、英語の指導に自信が持てない先生も少なくありません。しかし、小学校英語の指導に対するご自身のマインドセットが変われば、小学校の先生は勉強熱心ですからきっと応えてくれます。大切なことは、保護者と教師が信頼し合っているかどうかです。

本書では、英語教育について語っていますが、学校との関係が良いことが、お子さんの学校生活全般を充実したものにします。「お母さん、担任の○○先生と仲が良いのよ」とか「お父さん、校長先生とよくお話しするんだよ」と、仲良しぶりをお子さんに自慢してください。お子さんの学校に対する信頼感が増し、学校生活を生き生きとしたものにします。

私は、教育長時代、PTAの会合などでお話をする機会がたくさんありましたが、そのたびに「**お子さんに学校での様子を聞いてください。そして、お子さんが身の回りに起こったこと、そしてその時の自分の気持ちを言語化する習慣を付けてください**」と申し上げていました。

「世界基準の英語力」というと、英語の運用力ばかりに目が行きがちです。何度も申し上げますが、英語はコミュニケーションの一手段ですから、自分の考えを伝えようとする態度が一番大切です。そして、他者と積極的に関わっていく発達段階である小学3・4年生のこの時期に、その態度を育てることが重要です。

我が子を自立した学習者に育てるためには、家庭での働きかけが最も大切です。このことについては、後述する「本物の『世界基準の英語力』を子どもにプレゼントするために」で触れています。

英語の音がたくさんインプットされたら「フォニックス」へ

さて、もう一度、家庭で取り組む英語学習に焦点を当てます。

英語の音がある程度インプットされたら、私は、「**フォニックス**」を取り入れるとよいと考えています。「フォニックス」とは、英語の「スペリング（つづり）」と「発音」の間にある法則を学び、英語の正しい読み方をマスターする学習法です。日本の子どもたちがひらがなを「五十音」で覚えるように、アメリカやイギリスなど英語圏の子どもたちは「フォニックス」で英語を学びます。

しかし、これまで、日本の英語教育では、「フォニックス」があまり教えられていませんでした。理由は、いくつかあります。

一つには、「フォニックス」のルールが当てはまらない「例外」が存在することが挙げられます。サイトワード（Sight word）と言いますが、これは、「Sight= 視覚＋ Word= 単語」で、「ルールではなく見て覚える単語」という意味です。これが結構たくさんあるから、フォニックスは無駄だという意見です。

もう一つは、英語圏の子どもたちは、英語の音に十分に触れてから「フォニックス」を学びますが、これまで日本の子どもたちは、幼児期から小学校低学年で英語の音に十分に触れるチャンスがありませんでしたから、「フォニックス」の効果が得られないというものです。また、そもそも、日本人の英語教師が自身の発音に自信がないので、避けてきたという説もあります。

いずれにしましても、本書でこれまで述べてきましたように、幼児期から十分に英語の音の貯金をしてきた子どもにとっては、英語圏の子どもたちと同様、リーディングや発音の基礎を身に付けるためには、「フォニックス」はある一定の効果を上げることは間違いないと考えます。

また、日本人の英語教師や親たちが自分の発音に自信を持てないから「フォニックス」になかなかチャレンジできなかったという点については、以前とは違い、インターネット上には楽しく学べる無料サイトや、DVDやCD付きの良いテキストも本当にたくさんありますから、ご自身の発音に自信がなくとも十分に取り入れられます。英語の文字と発音を結び付ける小学校高学年に差しかかったら、豊富な教材から、お子さんに合ったものを選び、取り入れていただければ、かなり効果的だと思います。

その際、保護者の皆さんも子どもと一緒に「フォニックス」を楽しんでいただくことをお勧めします。実は、一通りの英語の学習を終えている私たちだからこそ、発音の基礎が復習でき、「ああ、こういった音の出し方をすると発音が明確になるなあ」とかなり勉強になりますよ。

とは言いましても、「フォニックス」はあくまで「音から単語」「単語から音」を推測するツールの一つにすぎませんので、これをマスターすることが目標ではありません。ある程度英語の音が推測でき、音から文字が推測できるようになったら、「フォニックス」は卒業し、**単語の音と意味を結び付ける学習**が必要になります。その際も、音を聞いてイラストを見て、音とイラストのイメージを結び付けることから始めていくとよいと思います。この学習にも、インターネット上も本屋さんにも優れたテキストがあふれています。あくまでも**楽しく英語のシャワーを浴びる**という感覚で、ご家庭で環境を整えてみてください。

ここで「フォニックス」について申し上げたのは、日本中の公立小学校を見渡したところ、やはり、まだまだ取り入れている学校は少ない状況だからなのです。日本の子どもたちに「フォニックス」を教えるのはあまり意味がないという考えは、以前の日本の英語教育の環境下ではそうだったかもしれませんが、優れたコンテンツがあふれている現在は、十分に有効だと思います。ですから、ご家庭で、1カ月くらい「聞き流し」コンテンツに加えるだけでも、お子さんが「スペリング（つづり）」と「発音」の関係に興味を持つきっかけになると思いますので、ぜひ、チャレンジしてみてください。国や自治体単位で施策として反映させていくには、少し時間がかかりますので、ご家庭単位で、良いものは早速取り入れてみるのはいかがでしょうか。

日本中の子どもたちが小学校から英語に触れることとなった学習指導要領の改訂は、本当に画期的です。加えて、子育てをしている日本中のご家庭が、ちょっとだけ意識的に英語環境づくりをすることができれば、全国の子どもたちに「世界基準の英語力」をプレゼントすることができます。

本章の「英語を習得するために必要な学習時間」で述べた通り、日本人が英語を習得するためには長い時間が必要です。**幼児期から小学校卒業時まで毎日1時間程度の「英語のかけ流し」が実行できれば英語の音の貯金をたっぷりと積むことができます。**そうやって、小学校でコミュニケーションを図る素地となる資質・能力を育んだ子どもの可能性は、無限大に広がっていくだろうなと期待でワクワクします。

中学生の我が子への働きかけ

中学1年生の「架け橋期」を大切に

いよいよ中学生になった我が子を、どう支えるのかについて考えてみたいと思います。

小学生の時にはあんなに英語が楽しくて大好きだったのに、中学生になったとたん英語嫌いが増えてしまう。そんな声が聞かれますが、これは何としても阻止しなければなりません。

中学生になったお子さんが、相変わらず楽しそうに、そして積極的に英語に取り組んでいる場合は、中学1年生の学校での授業が「架け橋期」を意識していてうまくいっていると思います。引き続き、お子さんを励ましながら見守っていきましょう。

しかし、どうも学校での英語学習が楽しそうでないと見受けられたら、ご家庭で少し介入してください。

具体的に申します。

中学1年生の「架け橋期」は、小学校英語の楽しさを大切にして、丁寧な「聞く・話す」という音声指導を継続しながら徐々に「読むこと」「書くこと」を取り入れていくといいと思いますので、ご家庭でもそのことを意識してください。

その際**教科書**はよくできていますので、ぜひ、教科書を使い倒しましょう。

まず、**音声コンテンツ**を用意してください。

現在子どもたちが使用している教科書には、QRコードが付いていて、音声をすぐに活用できるものも多くなっていますし、教科書会社がCDやダウンロード式の音声を用意していますから、できるだけ入手してください。そして、その音声を活用して、音読を徹底的に行ってください。その際、文字を意識するために、教科書の英文を指でなぞりながら音読することから始めるといいですよ。単純ですが、意外に書くことにもつながります。そして、この時も、楽しむことを忘れないでください。お子さんと掛け合いで、音読をやるのも楽しいですし、教科書の内容について話題にするだけでも効果的です。

英語学習が本格化する中学生になれば、学校での様子を見守りたいところですが、うまくいっていない場合は、お子さんを英語嫌いにさせないために、ご家庭で少し頑張りましょう。

絶対に効果が期待できる音読のススメ！

繰り返しになりますが、**音読**は、とても大切です。

小学生の時に、国語の教科書の「本読み」が毎日の宿題になっていて、それがいつの間にか習慣化したように、英語の「音読」も習慣になるといいなあと思っています。

ここに、絶対に効果が期待できる、東進ハイスクールの安河内哲也先生も勧めている音読のプロセスを紹介します。

リピーティング①：1文ずつ音声を止めながら教科書の文字を追ってリピーティング
リピーティング②：1文ずつ音声を止めながら文字を見ないでリピーティング
オーバーラッピング：音声と同時に文を読み上げていくオーバーラッピング
シャドーイング：音声の後に「影」のように、1、2語遅れて、聞こえた通りに英語を口にする。

シャドーイングは、少し難しい音読法ですが、英語の意味に注意しながら練習を続けると、かなりの英語力が付くと思います。

実は、私自身、今でもシャドーイングをやっています。教材は、CNNニュースやTED Talksなど、インターネット上にあふれているものを使います。

その時につくづく思います――発音できない音は聞き取れない。そうなんです。発音とリスニングは相互に関係し合っています。ですから、中学生の時に、徹底的に音読を行うことで、リスニング力も確実に付いてきます。

家庭で、音読が習慣付けられたら、英語学習は大成功です！

高校生になった我が子に対してできることは

自立した学習者であるかどうか

私は、そもそも高校の英語教師ですから、高校生の英語学習について書きたいことがいっぱいありますが、本章は「家庭で取り組む英語環境づくり『さいたまメソッド』」ですから、保護者の方々の、高校生になった我が子への接し方について述べてまいります。

今、本書を手に取ってくださっている保護者の皆さん、もうすでに我が子は高校生。これまでの子育ての中で、「世界基準の英語力」なんて全く意識してこなかった！　と思っていらっしゃる方々、大丈夫です。
私は、高校教師として、高校生になってから本気になって「世界基準の英語力」を獲得した多くの生徒たちを見てきました。そして、英語の教師として、教壇に立っていた時も、高校の校長の時も、常にこう語りかけていました。

There's no time like the present. Let's start working on it now.
「今が最高の時」ですよ。さあ、すぐに取り組みましょう。

「いつやるか？　今でしょ！」は、予備校の講師、林修先生が、今から10年ほど前に発言し、大ブレイクした有名なフレーズです。現代文を理解するには漢字の勉強が重要であるにもかかわらず、実際に漢字の勉強をする生徒が少ないため、では漢字の勉強は「いつやるか？　今でしょう！」という流れから発した言葉だそうです。
まさにこれです。

その時に大切なことは、お子さんが「**自立した学習者**」であるかどうかです。
まず、我が子を客観的に観てください。高校生になった我が子が、自分で目標を設定し、主

体的に判断して行動することができる力を身に付けていると思える場合は安心して放っておいてください。そして、

「『世界基準の英語力』って本読んだんだけど、高校卒業時点でCEFR B2レベル、実用英語技能検定で準1級の力があれば、向かうところ敵なしなんだって。さすがに、CEFR B2は無理よね」と言ってみてください。

お子さん、がぜんその気になりますよ。

もし、お子さんが、自分で目標を設定し、そのために必要な変化の実現に向けて行動する力が付いていないと思われる場合は、

「『世界基準の英語力』って本読んだけど、高校卒業時点でCEFR B2レベル、実用英語技能検定で準1級の力があれば、向かうところ敵なしなんだって。お母さん（お父さん）、ちょっとこれ目指してみるわ！」と宣言してください。

そして、今日から、英検準1級を目指して学びをスタートしてください。

自我が確立しつつある、我が子の子育ては、親がその背中を見せることしかありません。

ガミガミ言っても駄目です。

今、高校ではどんな英語教育が実施されているか

高校では、2022（令和4）年4月から年次進行で新学習指導要領が導入され、2024（令和6）年度で1年生から3年生まで全校生徒が、新しい学習指導要領の下で授業が実施されることになります。すでに新学習指導要領が実施されている小・中学校から一貫して、英語4技能の力を育成する英語教育に進んでいきます。

文部科学省は、高校卒業時に身に付けたい英語力として、次のような目標例を示しています。**ある程度の長さの新聞記事を速読して必要な情報を取り出したり、社会的な問題や時事問題など幅広い話題について課題研究したことを発表・議論したりすることができるようにする。**（文部科学省「次期学習指導要領等に向けたこれまでの審議のまとめのポイント」平成28年8月）

文部科学省は、日本中の高校生に卒業時にCEFR B1レベルの英語力を求めていますが（324ページ）、本書では「世界基準の英語力」として、高校卒業時の英語力としてもう一段上のCEFR B2を目指しています。

さて、それでは、高校の新学習指導要領で示された英語の授業の大きな変化を見てまいりましょう。新学習指導要領では、高校英語に次の2科目が設けられました。

●英語コミュニケーション：「聞くこと」「話すこと」「読むこと」「書くこと」を総合的に扱うことを一層重視した科目

●論理・表現：発表や討論・議論、交渉の場面を想定し、スピーチ、プレゼンテーション、ディベート、ディスカッション、まとまりのある文章を書くことを扱い、外国語による発信力を高める科目

どちらの科目でも、4技能を結び付けながら、使える英語力を総合的に伸ばしていきます。例えば、英文を読んだり聞いたりして、必要な情報を得たり、概要や要点をつかんだりします。さらにその内容をもとに、話したり書いたりします。授業では、ペアやグループでの会話、先生やALTとのやり取りを行い、その内容を文章に書いてまとめるなどの活動も増えています。

保護者の皆さんの高校時代の「英語」とは、様変わりしていることがお分かりになると思います。

大学入試は変わりました

ご存じの通り、大学入試は2021年1月から、それまでのセンター試験に代わって、**大学入学共通テスト**が始まりました。本書でも繰り返し申し上げている通り、不確実性を増す変化の激しい時代に対応するためには、知識を身に付けるだけでなく、それを活用するための「**思考力**」「**判断力**」そして「**表現力**」が大切になります。**共通テストは、明確にその力を問う出題傾向になりました。**

ここでは、「共通テスト英語」に絞って、その変更点を解説します。これは、大学入試センターから発出される情報や、その他の様々な資料を参考にして分析したものです。

主な変更点は、以下の4点です。

1　リーディングの文法・発音などの問題がすべて「読解問題」になりました。

2　出題される総語数が大幅アップしました。

3　リスニングの読み上げ回数が「1回のみ」の問題もあります。

4　英文（素材文）の形式が多様化しています。

センター試験で出題されていた「文法の単独問題」や「発音・アクセントを問う問題」は、共通テストでは、一切出題されなくなり、リーディングで出題されるすべての問題が、英文（素材文）の内容を読み取って問題に解答する「読解問題」に変更されました。

また、設問もすべて英語になりましたから、出題される総語彙数が、センター試験（2020年）約4300語から共通テスト（2023年）約6100語と約1・4倍になりました。

リスニングは、センター試験ではすべての問題が2回読み上げられていましたが、共通テストでは、リスニングで出題される問題数の約7割が1回だけの読み上げになりました。

出題形式も変わりました。

センター試験では主に「1つの素材文」で構成されていた問題が、共通テストでは「資料＋ノート」や「論文＋記事」というように、複数の形式の素材文が組み合わされて出題されるようになりました。また、センター試験でも「図」を含む問題は出題されていましたが、共通テストでは、「表」「グラフ」「イラスト」などの図の形式がさらに多様化しています。

このように、**共通テストで出題される素材文の形式・種類が増えてきていることから、複数の文章形式や多様な表・グラフ・イラストから、問題内容に関連する情報を読み解いていく力（リ**

テラシー）が求められています。

大学入学共通テストでは、リーディングとリスニングの2技能の力が問われますが、国公立大学の個別学力検査や私立大学入試では、英文を読み、その内容に対する自分の意見を英文で書くなど、3技能を組み合わせた問題を出す大学や学部もかなり増えてきました。

スピーキングの出題はまだ少ないですが、これから徐々に増えていくでしょう。また、英語の入試に英語4技能検定を活用する大学・学部が増えていくことも見込まれます。

幼児期から取り組んできた「無理しない家庭での英語環境づくり」が、現在の大学入学共通テストに、そして、本物の「世界基準の英語力」を獲得するための下支えになっていくことをお分かりいただけたと思います。

本物の「世界基準の英語力」を子どもにプレゼントするために

子どもを自立した学習者にするために家庭ができること

「自立した学習者」に成長するためには、**まずは、子どもの自立心を育むことが大切**です。個人差はありますが、2〜3歳くらいから徐々に、自分でやってみたいという気持ちが芽生えます。

「自分で服を選びたい」「このおもちゃで遊びたい」「自分で食べたい」などという様子が見られた時は、子どもの「やりたい」という気持ちを大切にして、「見守り」ましょう。最初からうまくいかないかもしれませんが、すぐに手を出さずに、ぐっと我慢して子どもの頑張りを「待ち」ましょう。

そして、何か一つ家庭の中で役割を担ってもらって、子どもに使命感や責任感を持って取り組めるような機会をつくるのもいいと思います。子どもが、きちんと自分の役割を果たしていたら、褒めましょう。努力を認めることで、さらに意欲を引き出し、難しいことにも挑戦しようとする気持ちや、目標に向かってやり抜く力が育まれます。

「自立した学習者」になるための基礎の部分は、幼児期に育まれますからこの時期を大切にしたいですね。そして、**「自立した学習者」に成長することは、「世界基準の英語力」を獲得するのみならず、これ以上ない大切な資質として子どもの人生を支えていきます。**

親は我が子のことを思えば思うほど、口うるさく指示してしまいます。自分の失敗を繰り返させたくないからです。私たちが子どもに対して口うるさく言ってしまうことは、たいてい、自分自身の駄目なところなんですよね。でも、考えてみたら、親と子どもは別人格で別の人生を歩んでいくのです。自分の人生を重ねることのないようにしなければならないと思います。

私は、お子さんを「自立した学習者」に育てるために、最も大切なことは親が「見守る力」と「待てる力」を持つことだと考えます。

さて、子どもが自立した学習者に育つことは、とても大切なことだとお分かりいただけたと思いますので、次に、**本物の「世界基準の英語力」を獲得するために下支えになる2つの力**について述べてまいります。

言語化する力を育てるために家族ができること

1点目は、**言語化する力を育てること**です。

本書の第2章で紹介した、「2023年度実施『全国学力・学習状況調査』から見える求められる英語力とは」でお話ししたことです。

2023年度実施の、「書くこと」「話すこと」の問題では、両方とも、日頃より自分の意見を持ち、なぜそのように考えるのかというところまできちんと言語化する習慣付けが、重要になってきます。

これは、一朝一夕で身に付く力ではありませんので、ご家庭でも、生活の中で意識的に子どもの考えと、そう考える理由を問い、言語化する習慣を付けてください。

ご家庭では、もちろん日本語で大丈夫ですから、帰宅した我が子を優しい眼差しでしっかりと見つめ、

「今日はどんな1日だった？」

と、学校での様子を聞いてください。

返事は、「べつに」とか「びみょう」とか、かもしれません。

そんな場合は、「どんなふうに微妙だったの？」と切り返してみてください。

少しずつでいいので自分の言葉で話すように、粘り強く接してみましょう。

人間は、言語によって考える生き物ですから。子どもに自分の状況を言語化させて考える習慣を付けていかなければなりません。

言語化する力の基礎は、会話によって身に付きます。ですから、家庭での会話の場面がこれ以上ないくらい大切です。

実は、子どもは、意外に話したくてうずうずしていますよ。話し始めたら、じっくり聞いてやってください。時々、相槌を打って、そう考えるのはなぜなのか、そういう行動を取ったの

はなぜなのかを考えるように導いてください。

世界で起こっていることを知るために家庭ができること

2点目は、**世界で起こっていることに関心を持たせる声かけ**です。

「世界基準の英語力」は、これまで述べてきた通り、言語、文化、生活様式、そして政治や宗教も多様な80億人を超える世界中の人々と、英語というツールを使いつながり、互いを理解し合うことができる力、そして世界に横たわる課題解決に向けて対話していける力を指します。

ですから、今、世界で起こっていることを知ることは、とても大切です。

私は、教育長在任中、多くの学校を訪問して2019年に大ベストセラーになった、ハンス・ロスリング他著の『FACTFULNESS　10の思い込みを乗り越え、データを基に世界を正しく見る習慣』（日経BP、2019年）をベースに、子どもたちに世界を正しく理解することの大切さを講話しました。

子どもたちの食いつきはすごかったです。貧困、人口、エネルギー、教育そして気候変動のことなど様々なトピックについて話をしましたが、皆、とても関心が高く、私の問いかけに対して積極的に反応してくれました。

子どもの知的好奇心は、私たち大人の想像をはるかに超えたものがあるということです。世界は常に変わり続けています。知識と世界の見方をアップデートするために、子どもたちに世界で起こっていることに関心を持つよう、うまく働きかけていきましょう。学校も努力します。ぜひ、各家庭でも豊かな声かけをしていきましょう。

「全国学力・学習状況調査」に限らず、高校入試も大学入試も、最近の傾向としては、社会課題を扱うことがとても多くなっています。日頃より、家族で、TVでニュースなどを見ている時、「今、世界で起こっていること」について話題にしましょう。そして、そこで発せられる「なぜ」を大切にしましょう。そして、発せられた「なぜ」は、放っておかない習慣付けが大切です。

親子で、すぐに調べましょう。「お父さんもお母さんも知らないことが、いっぱいあるから、一緒に調べよう、一緒に勉強しよう」という姿勢が、子どもたちの知的好奇心を喚起します。

親がやるべきことは、子どもの「なぜ」に徹底的に付き合うことだと思います。子どもは、好奇心の塊です。きっかけさえ与えてあげれば、興味がどんどん広がります。ぜひ、子どもの知らない世界を見せて、子どもたちの知的好奇心を揺さぶってあげましょう。

「静かに行く者は　健やかに行く
健やかに行く者は　遠くまで行く」

城山三郎の著書『静かに 健やかに 遠くまで』の「終わりに」にこんなフレーズが紹介されています。

「**静かに行く者は健やかに行く　健やかに行く者は遠くまで行く**」

「世界基準の英語力」を子どもたちにプレゼントしたいと願っている、多くの保護者の皆さんへのメッセージは、このフレーズに込めたいと思います。

親にできることは、環境をつくることです。幼児期から英語の音に触れる環境をつくり、子どもが自立した学習者に育つよう焦らずじっくりと見守り、時に声かけし持続していくことが大切です。ゆっくりかもしれませんが、子どもは、遠くの目標に向かって確実に歩みを進めていくでしょう。

本章の197ページで、私たちは、高校卒業時点でCEFR B2レベル、実用英語技能検定で準1級、TOEFL iBTであれば72－94を目指すという目標を立てました。CEFR B2レベルは高い目標ですが、本書で皆さんにお伝えしているように、ゆっくりでも確実に取り組んでいけば到達可能です。

もう一つ、私が大切にしている言葉があります。

Older is faster, younger is better.

大人の方が速いが、子どもの方が優れている。

つまり、大人の方が、認知能力が発達しているので、短期間に学習することができるが、幼児期からコツコツ学び始めることができれば、気付くとより優れた英語話者になっていくのだという意味です。

皆さん、ゆっくりでも、遠くを目指して「世界基準の英語力」をプレゼントする子育てをしましょう。

“Older is faster.”は大人の希望になる

私たち大人は、“Older is faster.”に希望を感じます。

これは、大人が、これまで積み上げてきた知識をベースに短時間で学習することができるということです。

つまり、今からでも遅くないわけです。矛盾しているようですが、私が高校の校長だった時に、高校生に贈った言葉を大人の皆さんにもお贈りします。

There's no time like the present. Let's start working on it now.

「今が最高の時」ですよ。さあ、すぐに取り組みましょう。

そうです。一番大切なことは、〝今〟スタートが切れるかどうかです。

もし、あなたが、子育て真っ最中の方でしたら、お子さんと一緒に「さいたまメソッド」にチャレンジするのはいかがでしょうか。

もちろん子育て真っ最中ではない方にも、挑戦していただきたいです。

その際、**大人だからと負荷をかけすぎないことが肝要**です。**継続は力なりですから、とにかく続けることを大切**にしましょう。

世の中には、英語の学習法があふれています。

テキストもインターネット上にも効果が期待できそうな様々なコンテンツがたくさんあります。

自分に合ったテキストやコンテンツで、自分のやり方で始めてください。

ここでは、私のチャレンジしてきた、全くお金のかからない英語との付き合い方を紹介しますので、参考になさってください。

まずは、**英語の音のシャワーから始めて**、その後、本書でも紹介しています、**「絶対に効果が期待できる音読のプロセス」にチャレンジ**してみませんか。

215ページでも紹介していますが、私もやっている**シャドーイング**は、本当に効果的です。TED Talksのお気に入りの講師のプレゼンテーションを教材にすると、英語のトレーニングを行いながら話の内容を楽しめるという一石二鳥です。

TED Talksは、英語学習者用にスクリプト付きや日本語訳付きもありますので、自分のレベルに合わせて、使っていけるところもおすすめです。結構集中力が要りますので、TED Talk 1本12～13分をシャドーイングすると、スポーツの後みたいに充実感に包まれます。

もう一つ、**Parrot's Law**という学習法を紹介します。名前の由来は、オウム（Parrot）が人間の言葉を覚えるために、何百回も一つの単語を聴かせるという方法から来ています。

Parrot's Lawは、映画や音楽などを教材として使った英語の練習方法です。**自分の好きな歌や映画を選び、それを徹底的に繰り返して聴き、声に出すことで、発音とリスニングの力を付けることができます。**

私は、カーペンターズやビートルズの曲を教材にしました。最近の洋楽より、発音がはっきりしていて、とても良い教材です。カーペンターズのヴォーカル、カレン・カーペンターの発音は、英語学習者にとって〝神〟のような存在だといわれています。

また、私は映画好きですので、映画も教材としてよく使いました。“Cinema Note”を作りまして、**映画に出てきたちょっと素敵なセリフを書き留め、実際の場面で使うことにチャレンジ**するのです。私の独自の英語学習法です。

「話すこと」については、〝**独り言大作戦**〟です。

お恥ずかしいのですが、外国の方とお目にかかって議論しなければならない公務が入りますと、少し前から、会話の瞬発力を高めるために、歩きながら目に入ったものを英語に置き換えたり自分の感想を言ったり、ぶつぶつ〝独り言〟を呟いています。

周りから見るとちょっと危ない人かもしれませんので、小さな声でやっています。

さいたま市教育長を務めていた時、市立浦和高等学校のインターアクト部の部員たちが英語ディベート世界大会に出場する際、表敬訪問に来てくれました。その時、高校生と英語の勉強法について話をしましたが、驚くことに多くの生徒が、〝独り言大作戦〟をやっていました。

これ、結構、王道の勉強法かもしれません。

もちろん、TOEICや英検にチャレンジするために、きちんとテキストを使って勉強していくのもいいと思います。とても良い教材も豊富ですから、ご自身に合ったものを選び、どんどん学んでください。そして、ぜひ、日常生活の様々なところに、英語を学ぶ教材も場面も転がっていて、ちょっとした隙間時間でも継続していけば力が付くということを心に留めてください。

私たち大人も負けてはいられません。さあ、皆さん、〝今〟から始めましょう！

Older is faster, younger is better.

大人の方が速いが、子どもの方が優れている。

私たち大人も、大人のやり方で「世界基準の英語力」を獲得しましょう。

第6章

「世界基準の英語力」を武器にした子どもたちのチャレンジ

語学力だけでなく
世界に山積する課題を自分ごととして捉える力
「世界基準の英語力」を武器に
子どもたちが大活躍。
体験を通じて輝く子どもたちの様子を
見守ってください。

自分の行動で国や社会を変えられると思う若者を育てたい

学校は良き民主主義の担い手を育てるところ

日本財団が2019年に実施した第20回18歳意識調査「国や社会に対する意識」(9カ国調査)については、いろいろなところで憂いを持って報道されました。しかし、私自身は、こんなはずはないという思いを持って話したり文章に書いたりしていました。

図表6-1　国や社会に対する意識

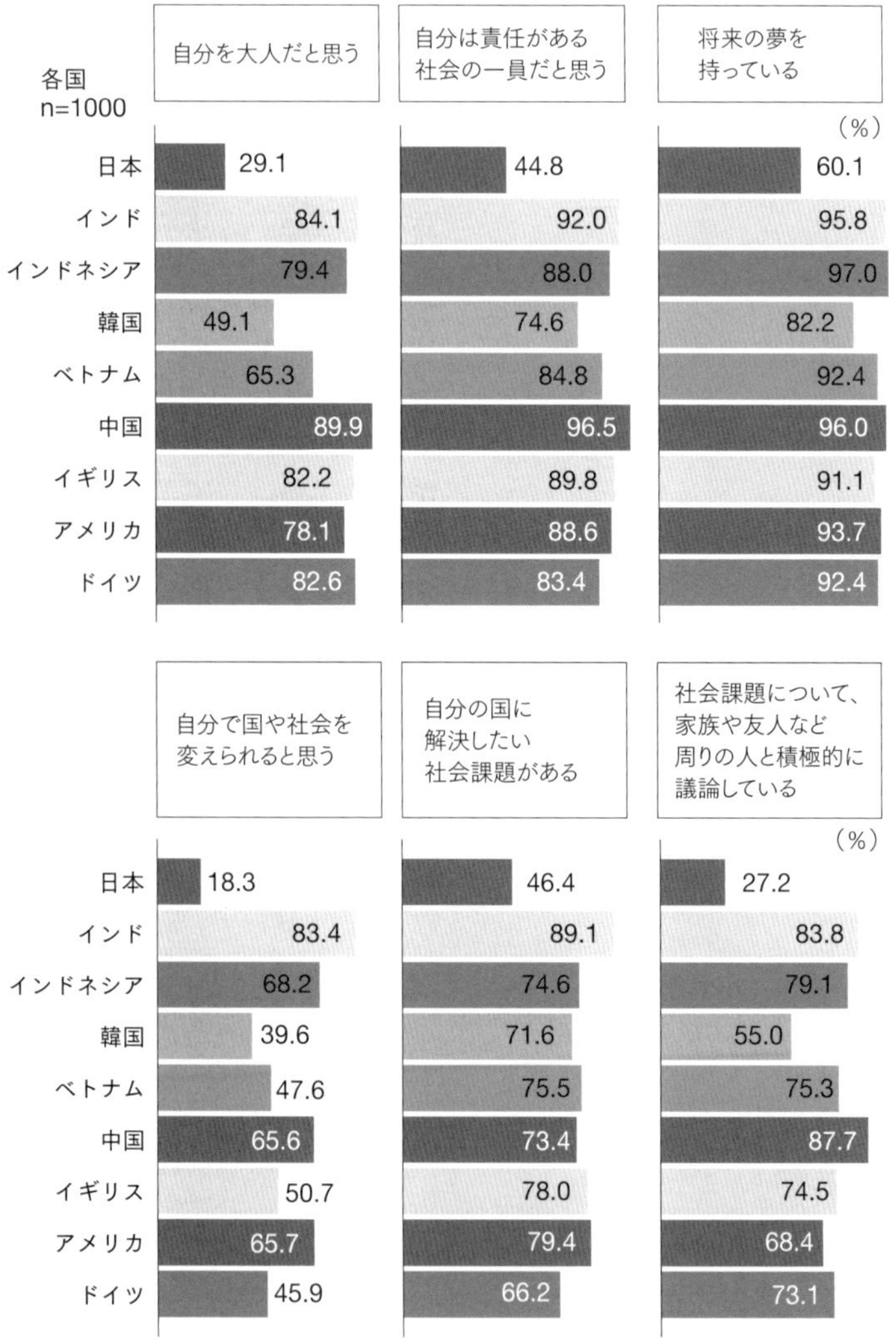
各国
n=1000
自分を大人だと思う
自分は責任がある社会の一員だと思う
将来の夢を持っている
（%）
日本 29.1 44.8 60.1
インド 84.1 92.0 95.8
インドネシア 79.4 88.0 97.0
韓国 49.1 74.6 82.2
ベトナム 65.3 84.8 92.4
中国 89.9 96.5 96.0
イギリス 82.2 89.8 91.1
アメリカ 78.1 88.6 93.7
ドイツ 82.6 83.4 92.4
自分で国や社会を変えられると思う
自分の国に解決したい社会課題がある
社会課題について、家族や友人など周りの人と積極的に議論している
（%）
日本 18.3 46.4 27.2
インド 83.4 89.1 83.8
インドネシア 68.2 74.6 79.1
韓国 39.6 71.6 55.0
ベトナム 47.6 75.5 75.3
中国 65.6 73.4 87.7
イギリス 50.7 78.0 74.5
アメリカ 65.7 79.4 68.4
ドイツ 45.9 66.2 73.1

「日本財団『第20回18歳意識調査』調べ」より作成

図表6-1をご覧ください。
日本の若者は、「自分を大人」「責任ある社会の一員」と考える割合は、約30~40%と他国の3分の1から半数近くにとどまり、「将来の夢を持っている」、「国に解決したい社会課題がある」との回答も他国に比べ30%近く低い数字となっています。
さらに「自分で国や社会を変えられると思う」人は5人に1人、残る8カ国で最も低い韓国の半数以下にとどまり、全体に途上国、欧米先進国のいずれと比べても数字の低さが際立つ調査結果となっています。

私は、従来、**「学校は良き民主主義の担い手を育てるところだ」**と考えていましたし、そう発言もしてきました。とりわけ、さいたま市立大宮北高等学校校長時代は、校長講話の機会や、生徒会やPTAからの原稿依頼があると、様々な話題を提供しながら「社会に横たわっている様々な課題について、自分の頭で考え抜いて自ら決定し行動できる力を付けてほしい」というメッセージを出し続けていました。

校長講話では、政治や経済のこと、世界の分断のこと、終戦70周年記念の年には「先の大戦について」も話しました。そして最後にはいつも、「皆さんはどう考えますか」と締めくくり、

「自分ごと化する力」を付けてもらいたいという思いを伝えていました。

講話の後、生徒たちが校長室にやってきて、私の投げかけに対して、自分はこう思うという白熱した議論が巻き起こることも少なくありませんでした。そして時に、課題解決のために行動を起こす生徒たちもいました。

その経験から、日本の若者は、決して、社会に無関心で、考えることや行動することを放棄しているとは思えませんでした。『OECD Education 2030プロジェクトが描く教育の未来』（白井俊著、ミネルヴァ書房）で語られている**エージェンシー（agency）**が育っていると感じていました。

エージェンシー（agency）とは「**変化を起こすために、自分で目標を設定し、振り返り、責任を持って行動する能力**」です。

私は、もし、そのエネルギーが表出されていないならば、「子どもたちの内なるエネルギーを引き出すような教育活動を実践したい」「自分の行動で国や社会を変えられると思う若者を育てたい」と強く考え、様々な機会づくりに励んできました。

以下にその取り組みを紹介します。

模擬国連
～世界に横たわる課題を自分ごととして考える子どもたち～

さいたま市で
模擬国連にチャレンジ

2022年、さいたま市で、「模擬国連」へのチャレンジが始まりました。

「模擬国連ってなに?」とお思いの方もいることでしょう。詳しい説明はコラムに記しますが、参加生徒が各国の大使になり、様々な議題についてそれぞれの国の立場で意見をぶつけ合い、「賛成」「反対」の投票を行うあの国連を疑似体験する活動です。つまり、子どもたちが、「国連と同じように世界に山積する様々な課題を自分ごととして考える」という取り組みです。

｜コラム｜

模擬国連（Model United Nations）について

模擬国連とは、1923年にハーバード大学で始まった、参加者が各国の大使（外交官）になりきり、実際の国連の会議や国際会議を模擬する活動です。

模擬国連では会議ごとに議題が設定されており、その内容として人権や軍縮、経済、環境、紛争などと非常に多岐にわたる国際問題が取り上げられています。それらの議題に対して、参加者は会議準備として担当国の政策や歴史、外交関係などを調べるなどし、その過程で得た知識や情報をもとに自国の政策を作り上げます。その後行われる会議では、参加者自身の考え・立場ではなくそれぞれ国益を背負った各国大使という立場から、作り上げた政策を軸に決議をはじめとした会議における結果を追い求め、議論や交渉、スピーチ等を行います。

このような活動を通じ、国際政治の仕組みを知り国際問題を多角的視点から考えることで、国際問題の複雑さを理解するとともに、パブリックスピーキングの能力や交渉力、論理思考力などの向上が期待できることから、教育プログラムとしても高い評価を受けています。

日本における模擬国連は、1983年、当時上智大学の教授を務めていらした緒方貞子氏（元国連難民高等弁務官）を中心に始められました。

その後、40年以上の時を経て、大学の授業やサークル活動を中心に広がりました。近年は、大学だけでなく、高校でも部活動で広がったり、授業に位置付けて行う学校も出てきました。

この模擬国連には、希望した生徒が広く参加できるようにしていて、2022年は高校生、2023年からは中学生も出場し、「中学生議場」に取り組みました。そして、できる限り英語でやろうというチャレンジです。

また、全国の公立のIB校（国際バカロレア認定校）にも声をかけて参加を呼びかけ、将来的には、さいたま市が高校生、中学生の「模擬国連」のメッカになったらいいなあと考えています。

模擬国連のスケジュールは大体このようになっています。

まず、キックオフイベントから始まります。

ここで参加者が集い、基調講演を聞いたり、ワークショップで模擬国連のやり方を学び、簡単なテーマで練習体験をしたりします。

次に本番の模擬国連です。本物の国連総会さながらの3日間の会議が始まります。

さらに、私たちの模擬国連では、国際会議の様々な場などで活躍しているゲストの皆さんをお招きし、世界のリアルをお話しいただく、そんな取り組みもしています。

では、2022年、そして2023年の様子を紹介します。

2022年 Model UN
～第1回さいたま市模擬国連大会～

2022年、念願の第1回さいたま市模擬国連大会が始まりました。

キックオフイベント

今回は、前国連大使で大阪大学大学院の星野俊也教授をお迎えし、6月19日のキックオフイベントからスタートしました。折しも、星野教授は核兵器禁止条約第1回締約国会議に出席しておいでで、滞在中のウイーンからオンラインで参加していただきました。

星野俊也教授と清水勇人さいたま市長とは、大学時代からの盟友で、「模擬国連」を日本の大学生の活動として根付かせた中心人物のお二人でした。それぞれが志を立て、お一人は国連大使、お一人は自治体の首長を担う政治家になられました。そして、今、ここで、力を合わせて次世代の子どもたちのために、素晴らしい体験の場をつくってくださったことに心から感謝しております。私は、そのバトンを渡すお手伝いができたことに、大きな喜びを感じました。

○基調講演

まず、「世界平和のために国際連合ができること」というテーマで星野教授が基調講演を行ってくださいました。ロシアによるウクライナ侵攻の真っ最中であり、私たちが信じている平和な世界が脅かされている今、深く考えさせられる講演であり、また、星野教授が参加生徒たちの質問に丁寧に答えてくださり、私たち全員が国連への理解を深めることもできました。

○パネルディスカッション

次に、パネルディスカッションです。市立高校・中等教育学校の生徒たちが、「私たちが、今、世界平和のためにできること」をテーマに英語で、星野教授と熱く語り合いました。

核兵器禁止条約第1回締約国会議が開かれているウィーンとさいたま市との臨場感たっぷりの議論となり、星野教授の滞在しているホテルの窓がカーテン越しに白々とし始め、夜明けを迎えました。国際会議後徹夜で、私たちにお付き合いくださった教授のお人柄の素晴らしさと、日本の若者たちに、世界平和について本気で考えてもらいたいという熱意がひしひしと伝わり、私は、深く感動しました。

○ワークショップ

午後は、8月に行われる本番に向け、模擬国連の一連の流れについて理解を深めるためのワークショップが開催されました。

活動内容は、まず、参加生徒3～4名で1カ国の代表団をつくります。全体で、10カ国前後の代表団ができ、今回は「仮想の国連カフェ」で出すメニューを決めるというテーマで、模擬国連の手順を学びます。その際、各国の代表団は、自国民がよく食べる食材、生産量、宗教等に基づく食習慣などをリサーチし、自国の利益と世界全体の利益を探りながら、どのメニューを薦めるのか、どのメニューで妥協するのかなど、話し合いを繰り広げ議決を目指します。このワークショップで、すでに丁々発止のやり取りが繰り広げられていて、本番への期待が増しました。

模擬国連本番

さて、いよいよ8月2日から8月4日に「第1回 Model UN～さいたま市模擬国連大会～」が行われました。

1日目が、総会の開会、議題の採択が行われ、議題は、「How to Feed the World in 2050（2050年の地球をどう養うか）」となりました。

2日目は、公式、非公式の討議を繰り返します。

3日目は、投票、振り返り（レビュー）、総会の閉会となります。

国連参加各国の大使に振り分けられた生徒たちは、自国のスタンスや他国との関係など様々な方面から情報を収集し、どうしたら多くの国が賛同できる国連決議案を作れるか議論していきます。

討議を繰り返している最中、ロシアの大使になった生徒が私にこう語りました。

「僕たちは、ロシアの大使だからロシアにとって有益な議論ができるように、ロシアの現状をできるだけ正確に知りたかったが、日本の新聞や、日本語でのウェブ検索ではバイアスがかかっているように感じた。それで、できるだけ英語で調べて様々な立場からの意見を集めた。しかし、今、ロシア大使の立場で世界の平和と繁栄を考えることは本当に難しい」

この年の模擬国連では、現実の国際情勢が複雑なことから難しい交渉が続きましたが、最終的には、食糧増産のため、各国が技術協力する国際機関を設立する決議案が採択されました。

模擬国連会議終了後、振り返り（レビュー）が行われますが、ここでも多くの学びがありました。レビューは大きく分けて「会議行動」と「議題」という二つの側面から成立しています。

会議行動面では、「担当国の利益を追求するために適切な会議行動ができていたか」「会議目標の設定は妥当であったか」などを参加者それぞれが振り返り、お互いにコメントをすることを通じて交渉力や問題解決能力、政策立案能力などの向上を図ります。

また議題面のレビューでは、模擬国連会議でのロールプレイングを通じて理解した担当国の利益と歴史的構造や内政との関わり等を全体で共有し、議題に関してより多角的な分析を行います。

今回のレビューでは、内政の理解を得ることと世界の利益が相反することが多く、ネゴシエーション（交渉）に悩んだこと、そしてリーダーシップの重要性を感じたという意見が寄せられました。

2023年　Model UN
〜第2回さいたま市模擬国連大会〜

2023年、第2回さいたま市模擬国連大会が実施されました。

今回は、「中学生議場」も開催することになりました。第1回大会の際、オブザーバー参加していた中学生の、仲間入りしたくてうずうずしている様子を見て、これは参加可能だと判断しました。そして、中学生たちはこちらの想定を超える大活躍でした。

また、さいたま市立中学校、高校、中等教育学校の生徒に加えて、東京学芸大学附属国際中等教育学校、札幌市立札幌開成中等教育学校、高知県立高知国際高等学校、広島県立広島叡智学園高等学校の生徒が参加して、参加者総勢100名を超える大きな大会となりました。

キックオフイベント

今回のキックオフイベントは、ウクライナのキーウとの中継で行われました。国際移住機関（IOM）ウクライナ職員の赤尾邦和氏に、現地キーウからオンラインでご協力いただきました。

○基調講演

「世界中の人が屋根の下で安心して眠るために～キーウの国際機関で働く日本人の視点から～」をタイトルに、赤尾邦和氏に基調講演を行っていただきました。

今、まさにキーウで生活をしている国連関連機関の職員からウクライナの現在についての話を伺い、ニュースで知るロシアによるウクライナ侵攻が、現実として私たちに迫ってきました。

○パネルディスカッション

その後、参加高校生は赤尾氏と"What can we do for immigrants to Japan?"～日本への移民・難民に対し、私たちがすべきこと～をテーマにパネルディスカッションを行いました。

移民・難民については、ヨーロッパ諸国に比べて日本ではあまり身近な問題として捉えられていませんので、生徒たちは、あらかじめ様々な方法でリサーチし、ある程度現状を把握した上でディスカッションに臨みました。参加した中学生も高校生も、移民・難民については、世界に横たわる大きな問題であり、日本も決して他人ごとと捉えてはいけない問題であるとリアルに感じ始めたようでした。

○ワークショップ

続いて、模擬国連会議の手順を学ぶ、ワークショップです。高校生議場は「国際移住と開発」、そして中学生議場は「国連カフェメニュー」をテーマに模擬国連の練習体験です。

今回は、中学生議場が注目です。模擬国連に取り組んでいる一般社団法人グローバル・クラスルーム日本協会の大学生が、ファシリテーターとして「議場」に入ってくれましたが、「恐るべし中学生」と舌を巻くくらいの「英語力」「リサーチ力」を発揮していました。参加中学生は、小学生の頃から「さいたま市国際ジュニア大使」として様々な活動に参加していましたので、まさに、本領発揮といったところでしょうか。ここでも、「世界基準の英語力」を育む「さいたまメソッド」の効果を見ることができました。

模擬国連本番

いよいよ、8月1日から8月3日、Model UN ～第2回さいたま市模擬国連大会～の本番を迎えました。

国際連合教育科学文化機関（ユネスコ）で日本政府代表部特命全権大使を務めていらっしゃる、尾池厚之氏が、フランスから駆けつけてくださり、「世界に伝える　世界をまとめる　大使とは」というタイトルで、基調講演をしていただきました。

尾池大使は、世界の抱える大きな課題の一つ「気候変動」について、これまでユネスコがどのように各国をまとめる努力をしてきたか、体験談をもとにお話をいただきました。

尾池大使とは、以前対談をしたことがある私は、大使がいかに情熱的にこの問題に取り組んでいたかを存じ上げているので、まさに世界のトップレベルの交渉をしてきた方の臨場感のあるお話を聞けたことは、参加者全員にとってこれ以上ない貴重な経験だったと実感しました。

しかも、お話がとても分かりやすく、非常に有意義な内容でした。

今回の議題は"International migration and development"（国際移住と開発）です。

模擬国連大会の本会議では、今回も、参加生徒たちの積極的な態度で、とても盛り上がりました。また、議題が「国際移住と開発」という、これまであまり自分ごととして捉えてこなかった非常に難しい内容でしたが、人口減少していく日本が抱える、避けて通れない問題であるという認識ができたようです。そして、参加生徒の振り返りには、「縮んでいく日本」「労働力不足」という日本の未来のリアルを知って、今後ますます、多文化共生社会への取り組みが大切であり、自分がどのような役割を果たしていったらよいかを考えるきっかけになったという意見がとても多く聞かれました。

締めくくりの講演で、国際移住機関（ＩＯＭ）駐日事務所代表の望月大平氏が、「ラグビー日本代表キャプテンのリーチ・マイケル選手が、インタビューで『日本代表はなんで外国人が多いのか?』という質問に対して、『それが今の日本だから。ラグビー日本代表の姿は日本の現実だし、未来の姿を先取りしている。ダイバーシティの大切さを社会にアピールできる存在なのだ』と答えていた」と話してくださいました。

私たちの目指している「世界基準の英語力」は、まさに、世界のダイバーシティを理解しつないでいく力そのものです。今回の模擬国連でも、参加生徒たちと同様、私自身も大きな学びがありました。

2回の模擬国連を終えて

2回の「さいたま市模擬国連大会」を実施し、中学生や高校生の様子を目の当たりにして、この国の若者には「変化を起こすために責任を持って行動する力」エージェンシーが育っていると確信を持ちました。

2020年の初めから、SF小説を思わせるような暗転で、誰も想像しなかった新型コロナウイルスの脅威が、私たちの暮らしに深く影を落としました。そして、今、起こっているロシアのウクライナ侵攻やイスラエルとパレスチナの問題を目の当たりにして、まさしく、私たちは、VUCAの時代に生きているのだと痛感させられました。

世界の分断が進む中、私たちは、世界の人々が様々な障壁を乗り越え、いかに手を携えていけるかが、人類の存亡にかかっていることを実感しています。

世界のダイバーシティを理解しつないでいくためには、対話がとても重要であること、多様な意見から創出されるイノベーションこそが、私たちの危機を救う唯一の方法であることも分かっています。
そのために必要になるのが、「世界基準の英語力」であり、それを支えるものがエージェンシーなのではないでしょうか。そして、エージェンシーを育む学校教育が、今後ますます重要になると考えます。

私は、念願の模擬国連を開催して、このプログラムは、他者を理解し尊重する態度や国際社会の平和と発展に寄与する態度を育成する、大変意義のある教育活動であることが分かりました。また、参加生徒たちが、世界に横たわっている課題を自分ごととして捉え、より平和な世界の構築のために、自分が何ができるかを真剣に悩み議論している姿に、頼もしさを感じました。

そして、何よりも、このプログラムは「英語」を学ぶのではなく「英語」で世界を学ぶところが素晴らしいと、実感しました。

どうしても実現したかった
〜Pittsburgh Cross Bridge Project〜

2019年
ピッツバーグでのプログラムづくり

遡ること42年前、旧大宮市が教育交流を始めたところから、ペンシルベニア州ピッツバーグ市との友好関係が始まりました。その後1998年に旧大宮市とピッツバーグ市との姉妹都市提携が結ばれ、さいたま市に引き継がれました。

ピッツバーグ市はかつて鉄鋼産業で発展を遂げ、一時は世界のおよそ5割の鉄鋼を生産するほどの繁栄ぶりでしたが、1970年代に衰退に転じ、錆ついた工業地帯「ラストベルト」と呼ばれるまでになってしまいました。その後、産業構造を改革しハイテク、金融、サービス業、そして教育を中心とした地域経済へ移行することによりV字回復し現在に至ります。

２０１８年に、姉妹都市提携20周年を迎えたことを機に、さいたま市は、さらに連携を深めることとなりました。

私は、ＩＴ、サイエンス、医療の最先端の研究を行っているこの地の大学との連携を図り、ぜひＳＴＥＭＳ教育のフィールドワークを実施したいと考えました。よし、そのプログラムを自分でつくろうと考え、２０１９年、ピッツバーグを訪れました。

ピッツバーグ市には、魅力的なプログラムを持っている多くの大学があるので、精力的に、6大学といくつかの教育関係機関、そしてピッツバーグ市長を訪問し、ぜひ、さいたま市とピッツバーグ市の未来の懸け橋となる人材育成のプログラムをつくりましょうと話し合いを進めました。ウィリアム・ペデュートピッツバーグ市長は、このプロジェクトに大変協力的で、いくつかの提案もしてくださいました。

訪問した大学、薬学のデュケイン大学、サイエンスと芸術のカーネギーメロン大学、ＳＤＧsやエコロジーのチャタム大学、バーチャルリアリティテクノロジーのロバートモリス大学、演劇とジャーナリズムのポイントパーク大学、そして医学のピッツバーグ大学とは、具体的なプログラムについて詳細に打ち合わせをし、交流プログラムをつくり上げました。そしてバラク・オバマ国際アカデミーでは、アンソニー・ハムレットピッツバーグ市教育長と会談の機会を得、私は、双方の生徒と職員の有意義な交流に対するさいたま市のビジョンを提案しました。教育長は、公立の学校教育にこのような先進的なプロジェクトを導入しようとしていることに感心し、全面的な協力を約束してくださいました。このように、多くの方々の献身的なバックアップを得、素晴らしい交流プログラムをつくり上げて、いよいよ実行しようとした矢先、新型コロナウイルスのパンデミックが世界を襲い、私たちは、このプログラムを実行することができなくなってしまいました。

残念!

本当に残念ですが、やまない雨はない。いつの日かさいたま市立高校の生徒たちが、さいたま市とピッツバーグ市の懸け橋となって大活躍する日が来ると考え、前を向きました。

私は、その日が待ち遠しくてたまりませんでした。

2023年 Pittsburgh Cross Bridge Project

2023年いよいよ、この念願のプロジェクトが、対面で実施されました。突撃で、ピッツバーグ市を訪れてから4年目にしての実現です。

しかし、世界は大きく変わっていました。コロナ禍、ロシアによるウクライナ侵攻など世界情勢の不安定化、そして円安。とりわけ、円安によりプロジェクトの費用が計画の1・5倍近くなってしまったことは、大きな打撃となりました。そして、大切に育んできた、Pittsburgh Cross Bridge Project は、少し内容の変更を余儀なくされましたが、できる限り費用を抑える工夫をし実現に漕ぎ着けたという次第です。費用の高騰の中でもプログラムの意義を高く評価した8名の生徒が参加し、1回目の Pittsburgh Cross Bridge Project が実行できたことは、本当に喜ばしいことでした。

今回のプロジェクトのテーマは、「さいたま市をより良くする政策とは何か？ ～さいたま市、ピッツバーグ市、国際連合、米国の大学への訪問を通して考える〜」です。

さいたま市での市政に関する事前学習、研修当日のピッツバーグ市姉妹都市交流、アメリカの大学での研修、国連本部見学など、グローバルな視点での日本とアメリカに関する学びを通して、さいたま市をより良くする政策プランを作成します。事前学習として行われるさいたま市でのフィールドワークと、現地ピッツバーグ市を中心とした東海岸でのフィールドワークによる、政策プランづくりの探究学習です。

そして、作成した政策プランは、内閣府主催の「地方創生☆政策アイデアコンテスト2023」に応募し、専門家に審査してもらいます。ここまでが、このプロジェクトです。

事後研修以降は、政策プランを最終調整し、2023年9月下旬に開催された地方創生政策コンテストに応募しました。先日、コンテストの結果が発表されまして、私たちのプロジェクトから入賞者が出ました。

最後に、2024年3月中旬に成果報告会を開催することになっています。本書にその様子を記せなくて残念ですが、生徒たちの成長ぶりを楽しみにしています。

2023年　Pittsburgh Cross Bridge Project

[事前学習（さいたま市でのフィールドワーク)]

第１回：さいたま市の市政についての勉強会
　　　　講師 さいたま市役所職員

第２回：RESAS 研修

第３回：模擬国連ワークショップ

第４回：日本薬科大学訪問「まちづくりとヘルスケアについて学ぶ」

第５回：研修出発に向けた結団式、直前指導

[現地研修（ピッツバーグ市等でのフィールドワーク)]

１日目——ピッツバーグ市到着　（ホームステイ開始）

２日目——ピッツバーグ市内大学研修（デュケイン大学等）

３日目——ピッツバーグ市役所表敬訪問、市内高校生との交流

４日目、５日目——ピッツバーグ市内フィールドワーク

６日目——ニューヨーク市到着、
　　　　ニューヨーク市内フィールドワーク①

７日目——ニューヨーク市内大学研修
　　　　JET プログラム参加 ALT 経験者との意見交換会
　　　　ハイライン・ツアー

８日目——国際連合本部を訪問、
　　　　ニューヨーク市内フィールドワーク②

９日目、10日目——ニューヨーク発、羽田空港着

[事後研修]

第１回：日本薬科大学研修
　　　　米国研修の成果報告～米国の視点から見た日本のヘルスケア～

第２回：政策プランの最終調整

起業が選択肢に
～高校生の最先端イノベーションプログラム～

「デザイン思考」が面白いですよ

先行き不透明なこの時代において、グローバル基準で求められる力を育むプロジェクトとして、少し尖ったプログラムにチャレンジしようと考え、教育委員会内でアイディアを募集しました。

すると、イノベーションを生み出す手法として「デザイン思考」が面白いですよと提案してきた指導主事がいました。

「デザイン思考」とは、「人間の潜在的なニーズを観察やインタビューを通じて掘り起こし、プロトタイピングを繰り返しながら、ユーザーにとって本質的に価値ある製品・サービスを生み出していくプロセス」（『まんがでわかるデザイン思考』小田ピンチ・坂元勲、小学館）だそうです。

私は、彼に「面白そうだけれど、これをどうやって教育活動に落とし込むの」と質問しました。すると、彼は、世界のビジネスのリアルを体験する、今までに教育委員会や学校がチャレンジしてこなかった探究的な課題解決型学習プログラム「最先端イノベーションプログラム」の計画を描いてきてくれたのです。

これが面白い。

舞台は、シリコンバレーです。早速、採用して実現することにしました。

2019年度は、市立高校生20名が、シリコンバレーのスタートアップ企業を訪問したり、スタンフォード大学でのセミナーに参加したりしました。

しかしこのプログラムの重要な柱は、参加生徒が事前学習のワークショップで「デザイン思考」を学び、生徒たち自身が、ビジネス提案をするというものです。

シリコンバレーに行く3カ月前から、グループでプロジェクトに取り組んで、議論し、自分たちのビジネス提案をつくり上げました。そして、ハイライトは、シリコンバレーで現地の投資家に自分たちのアイディアを提案し、アドバイスをいただくというものです。

私は、2019年度のプログラムは、報告会に参加しましたが、自分たちが創出した「ビジネス提案」をプレゼンし、時に「新しいアイディア」を創出する産みの苦しみをユーモアたっぷりに語ってくれました。さすが高校生、失敗について語る自虐ネタもウイットに富んでいました。使用言語は、もちろん英語です。

しかし、高校生の最先端イノベーションプログラムも、2020年度はコロナ禍で中止を余儀なくされました。

3年ぶりにシリコンバレーへ！

2023年1月、3年ぶりに、シリコンバレーで「最先端イノベーションプログラム」が実施できました。今回は、私も10人の生徒たちと共に参加し、大変有意義な時間を過ごすことができました。

アメリカ滞在中は、“Oracle”や“Stripe”など世界的な企業で働く方々から、国際的な企業で必要とされるコミュニケーション能力や、そうした企業で働く楽しさやキャリアの描き方について話を聞いたり、「デザイン思考」のワークショップなどを体験したりしました。

圧巻は、“Plug and Play”という起業家支援センターでの、ピッチコンテストの見学です。3分という限られた時間で、情熱を持ってアイディアをプレゼンする人たちを見て、生徒たちはビジネスの〝今〟を目の当たりにし「起業」に対するイメージが変わったと言います。

さらに、アメリカの起業家や投資家を相手に、約3カ月間かけて練り上げたビジネスプランを発表しました。

チーム“Horizon”は、ペットボトルの消費を抑えるために、学校や職場の自動販売機に替えて、ペットボトルをリサイクルして作ったリユース可能なボトルを使用することのできるドリンクステーションなどのビジネスプランを発表。また、チーム“Quartet”は、賞味期限が近いなど、売れ残った商品のみを集めることで他よりも安価に提供できるスーパーマーケットをつくり、さらに食品ロスを防ぐために、購入した食品の消費期限をスマートフォンに送信し、期限切れを防ぐアラートを表示させるシステムなどについて発表しました。

発表後、参加してくださった起業家や投資家から次のようなアドバイスをいただきました。

「失敗しなさい、失敗から新たなイノベーションが生まれる」

「イノベーションは、今ある商品やサービスより少しいいだけじゃ駄目。尖《とが》ったものを出しなさい」

アドバイスを聞いている高校生の、希望に満ちた表情が忘れられません。

起業が将来の選択肢に

現地で様々な経験を積んだ生徒らは「起業が自分の将来の一つの選択肢になった」と充実の表情で語っていました。やはり、リアルなフィールドワークと時間をかけた探究的な学びは、参加生徒に大きなインパクトを与えたようです。

英語で堂々と自分たちの考えをプレゼンした生徒たちですが、全員が海外経験がなく、中には「高校に入るまでは英語は得意ではなかった」という生徒もいました。体験は、英語力を飛躍的に向上させます。

それぞれの将来についても、変化があったようです。

「環境問題を根本的に解決できるような都市デザインに、新たに興味が湧いた」

「将来、起業を考える上で、もともと興味があった医学分野と経済分野を結び付けられたらと思っている」

「今後は英語力を高め、海外の考え方を学んで、世界で活躍できる人になりたい」

といった頼もしい声であふれていました。

日本の中学校・高校は、諸外国に比べて圧倒的にビジネス系の学びが少ない現状です。ビジネスの教養をすべて大学以降に任せてしまっています。高校では「政治・経済」や学習指導要領改訂でやっと「公共」という科目も創出されましたが、実学の学びとしては圧倒的にリアリティに欠けています。

私は、今後ますます、「最先端イノベーションプログラム」のような、「探究型」の学びが重要になってくると考えています。そして、外国でのフィールドワークがどの学校でも盛んになってくることを願っています。

ラーム・エマニュエル駐日米大使との意見交換

さいたま市教育の応援団がつないでくださった貴重な体験

埼玉1区選出の衆議院議員である村井英樹議員から、アメリカ合衆国のエマニュエル駐日大使がさいたま市を訪問するので高校生と意見交換しないかというお話をいただきました。村井衆議院議員は、さいたま市教育のチャレンジを励まし続けてくださっている、子どもたちの応援団のお一人です。

この時も、子どもたちに素晴らしい機会を与えてくださったばかりでなく、ご自身もハーバード大学大学院で学ばれた経験があり、素晴らしい英語であいさつされた姿は、参加高校生や中学生にとって、良きロールモデルになったと思います。

エマニュエル大使は、TVニュースで拝見した時の印象通り、エネルギッシュで、それでいてどこか飄々とした雰囲気のまま会場にお入りになり、開口一番、「アメリカのことや私がしてきたこと、何でも聞いてください」とおっしゃいました。その一言で、遠慮のない高校生たちは、一気に大使に質問のシャワーを浴びせ、このセッションがスタートしました。

パッション（情熱）を持つにはどうしたらよいですか

エマニュエル大使は、理路整然とお話しになる一方で、独特のユーモアとウイットに富んだ表現をされますので、かなり難易度の高い英語だったと思います。しかも早口です。

しかし、我こそはと参加した30人のさいたま市立高校の高校生たちは、大使と丁々発止のやり取りをしていました。もちろん英語です。その姿を見て、私たち教育委員会事務局職員、各校の校長先生や教師たちは、私たちの目指してきた「世界基準の英語力」が彼らに確実に育ってきていると実感するとともに、とても頼もしく思いました。

そして、意見交換したり質問したり、活発なやり取りをしている中で、いくつか印象的な質問がありました。

一人の生徒から「パッションを持つためにはどうすればいいですか」という質問が出ました。大使の答えは

「心を真っ白にして、いろいろな物事にチャレンジしてみなさい。そうすると、パッションの方があなたのところにやってくるよ」

参加した生徒たちは、この答えに感銘を受けた様子で、何度も頷き目を輝かせていました。

「バイデン大統領の秘密を教えてほしい」という質問も飛び出しました。

「それには答えられないが、大統領は、私の父が亡くなった時、誰より早くお悔やみの電話をくれた」などとエピソードを披露してくださいました。

本当に、素敵な時間でした。

高校生の質問は、政治のことや経済のこと、そして世界平和や日本とアメリカ合衆国のこれからの関係についてなどから、大使の趣味である「鉄道」に至るまで多岐にわたりましたが、

その一つひとつに丁寧に、真摯に向き合い答えてくださっていたエマニュエル大使の姿に、私は、「世界基準の人間力」を感じました。

子どもたちの質問には洞察力がある

このセッションが終わって、大使は、メディアのインタビューに答えていらっしゃいました。高校生との意見交換についての感想を聞かれると、

「皆、英語がうまいね。それに、生徒たちの質問には洞察力があり、かなり知識を持っているのが分かりました。今日のセッションで、ますます、教育の面から子どもたちに何かを残すことができたならと思いました」

と語りました。

エマニュエル大使のこのコメントは、私たちにとって最高のご褒美となりました。

第7章

国際人として歩み始めた子どもたちへ

ここでは、これからの時代を生きる子どもたちのために
教育界（アカデミア）と経済界の視点から
対談を行いました。
変化の激しい時代の
グローバル社会で生きていくヒントが
ちりばめられています。

対談Ⅰ
教育（アカデミア）

東京大学公共政策大学院
教授
鈴木 寛
×
細田 眞由美

長年、文部科学行政に携わってこられた鈴木寛先生。英語４技能の必要性を重視し、民間試験導入を含めた大学入試改革に注力されてきました（２０１９年に延期、２０２１年に導入断念）。

その裏側にあった子どもたちへの思いとこれからの教育について語っていただきました。

鈴木 寛
東京大学公共政策大学院 教授
慶應義塾大学政策・メディア研究科 特任教授

１９８６年東京大学法学部卒業後、通商産業省に入省。慶應義塾大学環境情報学部助教授を経て２００１年参議院議員に。12年間の国会議員在任中、文部科学副大臣を2期務める。２０１４年2月より、東京大学公共政策大学院教授、慶應義塾大学政策メディア研究科兼総合政策学部教授に同時就任。同年10月より文部科学省参与、２０１５年2月より２０１８年10月まで、文部科学大臣補佐官を４期務める。

さいたま市英語教育を日本のスタンダードに

細田——鈴木先生は、さいたま市の英語教育についてどう見ていますか。

鈴木——もう「素晴らしい」という言葉、その一言に尽きますよね。

教育基本法という、日本の教育のあり方を定めている、一番重要な法律があります。

その第17条で定められている教育振興基本計画に、「中学生についてはCEFR A1レベル相当以上を50%以上達成する」という指標が明記されました。これは閣議決定されていて、国全体で取り組むものです。つまり、文部科学省だけで決定したものではなく、国家全体で取り組むものという重要な決定です。それにもかかわらず、この指標を実現できているのは、現時点（2022年度調査時）において、さいたま市と福井県のみなのです。

細田——そうですね。中学3年生でCEFR A1以上が50%という目標は無謀なものではないですから。

鈴木——さいたま市の達成率は直近でいうと、86・6%でしたよね。

細田——はい、そうです。

鈴木——これは日本一ですし、これはもうほぼ9割と言ってよいでしょう。ところが、全国の自治体においては50%に達成できていない自治体がまだ半分以上あるんです。

細田――直近の国全体の平均は、49・2%です。

鈴木――さいたま市と福井県が平均を引き上げていなければ、もっと下がっているわけですよね。

さらにこの話について言えば、今から20年前の学習指導要領でも、「英語でコミュニケーションできる力」を謳《うた》っているんです。それくらい前から問題とされてきている。

もう何百回、何千回とメディアでも話題にされ続けていますが、「文法はできるけど、しゃべれない日本人」という問題は、私もその当事者の一人で、私は共通一次（共通第一次学力試験）は200点満点で198点だったんです。結構、筆記試験では点数が取れた方なんです。でも、22歳で大学を卒業した時は、英語をしゃべれませんでした。

細田――でも、先生、今すごいですよ。この間も国際会議ですごく流暢な英語で話されていたじゃないですか。

鈴木――私は、28歳でオーストラリアに1年勤務させていただきましたので。リーディングができていることは、その後の伸びに対して決して無駄ではないんだけど、それだけではスピーキングに生かされないことも事実なんです。

例えば、今、私は東京大学で教えていますが、学生はものすごく優秀なんですね。国際学会に出るチャンスを我々は一生懸命つくっているんですが、なかなか学生が手を挙げてこない。スピーキングがネックになっているんです。それから私は大学院が本務ですけども、文理融合で英語で修士の学生・博士の学生が学べるプログラムをつくったんです。社会で活躍している実務家を招いて、私自身は実務家と専門家をつなぐ立場で、海外大学に負けないアカデミックを踏まえた上で、なおかつ実践能力が上がるプログラムを一生懸命つくりました。

これは留学生からとても評判良いんです。東大は国立大学で授業料が年間54万円です。アメリカに行けば、留学生は大学院の年間授業料が1000万円なんてことがざらにあります。学部でも700万円くらいかかるところはたくさんあります。これだけの授業が、54万円で受けられるので、留学生にはものすごく好評なんですけど、残念ながら日本の東大生の受講が少ないんです。

もちろん我々の想定としては、半分日本人学生、半分留学生で、この両者が英語を使って、文理融合で文系の修士も理系の修士も日本の人も世界の人も入り混じってベストチームをつくって学んでもらおうと思っていたんです。

今私は、東大の公共政策大学院で教えています。これはGPPN(グローバル・パブリック・ポリシー・ネットワーク)を組んでいて、アメリカだとコロンビア大学、イギリスだとロンドンスクールオブエコノミクス、フランスだとパリ政治学院、シンガポールはリー・クァンユー、あとはドイツではヘルティ・スクール、ブラジルFGVと、こういう世界のトップパブリックスクールのネットワークがありまして、毎年、政策コンペをしています。

我が東京大学は、毎年、そのコンペにチームを送っていますが、優勝とか準優勝といった成果を出しています。GPPNの中で、決して東大のステータスは低くない、世界と伍する人材をつくるプログラムを我々は作り上げてきた。しかしそこに日本人の学生が少ない。

もちろん我々は日本だけではなく、アジアの東大、世界の東大なので、様々な国の学生がいることは悪いことではないのですが、日本の税金でつくっている大学ですから、そこに、日本で育ってきた、ジャパニーズバックグラウンドの人たちにも、もっと入ってほしい。

日本人学生は英語でレポートを書かせればパーフェクトです。しかし4技能のバランス、コミュニケーション、ディスカッションができる、あるいはプレゼンテーションできる英語も含めた4技能のバランスが悪い。そのために、ここに入ってくることをためらってしまうという、もったいない状況があるわけです。

私もいろんな大学で教えていますが、こういうことは本当に随所で今起こっています。そういった中で、さいたま市で育つ子どもたちは、英語が楽しいという態度がベースとして醸成されていますから、小学校と中学校で学び、その後、高校、あるいは大学に行き、社会に出て、英語などを使って異文化とコミュニケーションすることを楽しむ子たちが、さいたま市では育っているわけです。

これが日本の英語教育のスタンダートであるべきです。

細田――まさにそれを目指してきました。

鈴木――日本中がさいたま市と同じ水準を達成できたら、子どもたちは将来、世界中のいろんな人たちと一緒に何か取り組むことが自然にできるようになります。

さいたま市のレベルが、一刻も早く日本中のスタンダードになるということを私は望んでいるんです。例えば中高生で、日本に韓国や中国の同世代の子を集めていろんなことに取り組むと、韓国や中国から来ている生徒は、どんどん英語で友達になっていくわけです。でも、日本の中学生の多くはその輪に入っていけないんです。さいたま市の子どもたちなら入れるのだろうけど。

細田――きっと、さいたま市のG・Sで育ってきた子どもたちなら、どんどんその輪の中に入っていくと思います。輪の中心になる子もいるかもしれませんね。そういう子どもたちが日本中に増えていくといいんですが。

鈴木――我々が一生懸命、日中韓の子どもたちが、仲良くなるチャンスと環境を提供しているんですけども、残念ながらこれが生かされていない。

中高生の英語教育が学習指導要領通り行われていない、少し強めに言えば「閣議決定違反」の状態にあって、このことがもう10年も20年も放置されているんです。さいたま市と福井県が達成できているということは、全国、同じ学習指導要領で、同じ教員免許で、ほぼ同じ給与体系で、条件は何も変わらないんです。なのに、できているところとできていないところがある。

私は文部科学行政にこの10年間携わってきましたけど、我々の立てたプランが「絵に描いた餅」なのかと不安になることもありました。しかし、さいたま市や福井市はきちんとやっていただいているのでそんなに現実離れしたプランではないと確信できたんです。

我々は世界80カ国の英語教育の状況を見て、決して過大な目標を設定したとは思ってないんですけども、しかし日本に何か特殊な事情があるのかなとか気になってしまいます。我々に、自信と勇気を与えてくれているのが、さいたま市の子どもたちの存在ですね。

細田――とてもうれしいです。鈴木先生には、ずっとさいたま市の英語教育について認めていただいて、こうして最高のお褒めの言葉をいただいているので、それが私たちの自信になって、168校の教師たちが、私たちがやってることは間違いないんだと確信が持てます。

時々、高校受験や大学受験を目の前にすると、保護者の方から「このままでいいんですか」と少し不安な声が上がることもありますが、教師たちが「大丈夫です、私たちのこのスタイルが必ず高校入試にも大学入試にも、本物の力として生きて働きますから、私たちを信じてください」と言える。鈴木先生にこうやって褒めていただくことが、教師たちの自信になり、さらに実践し結果が出る、そして文科行政側の皆さんにも、掲げている目標が決して現実離れしたプランではないと確信していただける、という良い循環になってきていると思います。

私が高校の校長だった頃に、高大接続と大学入試改革の議論が大詰めの段階でした。私自身は、埼玉県高校長会の進路指導部会の主査だったので、全国高校長会大学入試問題検討会で調査研究をしていたんですが、実はワクワクしていました。いよいよ「英語4技能」を、きちんと大学入試で測ってもらえる、それから記述式も入ってくるということで、これは本当に私が教壇に立ち始めた頃からずっと求めてきたものが実現するんだと思うと、ワクワクが止まりませんでした。

でも大詰めのところで頓挫してしまいました。そのことがものすごく悔しくって、その時に渦中にいた鈴木先生はもっと悔しかっただろうと思うんです。ディベートの世界大会の常連校であるさいたま市立浦和高校をはじめ、ディベートやディスカッションをふんだんに授業の中に取り入れながら、子どもたちに力を付けてきた教師たちが、みんな悔しがったんです。私のところにも、「この先、どうなっちゃうんですか」と、とりわけ若くて志の高い教師たちからの声が続々と届きました。本当にあの時は悔しかったですね。

鈴木——悔しかったっていうか、もう本当に、なんていうかな、残念というかね。

この日本が、次の世代が、世界で活躍するために必須のコンピテンシーがグローバルコミュニケーションの力です。これが20年間後れを取っていたわけですけども、それを一挙に挽回できる千載一遇のチャンスだと思って、私が大臣補佐官を受諾した際、日本が復活するために、決め手になる重要な施策が「英語4技能」だと確信したわけです。これに取り組まないといけないというのは、私自身の経験があるんです。今から30年以上前、私が20代、30代の頃は、日本は世界でナンバー2だったんですよね。

細田――『ジャパン・アズ・ナンバーワン』なんていう、戦後の日本経済の大きな成果の要因を分析したベストセラーもありましたよね。

鈴木――そうです。日本の代表は、世界に行けばそれだけで自動的に日本の席が用意されてたんです。どこへ行っても、アメリカが一番でしたが、その次は、どうぞ日本が座ってくださいということでした。いろんな国際会議で日本は自動的に席が用意されていたので、政府代表、経済界代表、学会代表、スポーツ界代表はそのまま世界で発言権がありました。しかし、その後、経済的なプレゼンスの低下が著しくなってしまいました。

私は1986年に通産省に入り、1995年から99年まで電子政策課をはじめ、コンピュータ政策や半導体政策に取り組んでいました。当時、パソコンの世界シェアは日本が7割を超えていたんです。私もビル・ゲイツさんとも7、8回お会いしました。世界シェアの7割が日本製で、通産省で担当していれば、Windowsを使ってほしいとマイクロソフトも相談に来ます。当時、後に大分県知事になる広瀬勝貞さんが局長で、私がご一緒して2人で訪米すると、当時のTexas InstrumentsとかデルコンピュータとかシスコシステムズだとかHTTP、サン・マイクロとかのCEOが会ってくれたんです。

細田――すごい時代だったですね。

鈴木――シスコのジョン・チェンバースにしてもサン・マイクロのスコット・マクネリーにしても、とにかくWindowsのように(あの時ウィンテルって言ってましたけどね、WindowsとIntelが入ってると)、サン・マイクロも、Javaというすごくいいものを作ったので、ぜひこれを日本製のパソコンに入れてくれって言って陳情に来るわけですよね。その頃は日本はよかったわけです。だけど今はもう本当に「ジャパンパッシング」どころか「ジャパンナッシング」です。

細田——本当ですね。パッシング、通過の後に、ナッシング、何もない、いわゆる無視ですよね。

鈴木——本当にナッシングなんです。残念ながら。こうなったからには、我々が日本から世界に出ていって一緒にやろうよと声をかけるしかない。そこの輪に入れるかどうかが、我々日本社会全体にとっても決定的に重要だという歴史認識を私は持っています。

「英語4技能」の時は、私の説明不足もあったと思いますけども、やっぱりなかなか日本の社会、あるいは日本の政治、日本の教育界にこの思いが共有されなかったなと。

細田——本当に残念でなりません。

鈴木——子どもたちには申し訳ないことをしたと思っているんです。さらに、今はオンラインが普通になってきているので、日本に住みながらグローバルなプロジェクトに参画できるんですよ。グローバルコミュニケーション能力さえあれば、別に日本を離れなくてもいろんなことができる。そこがまだみんな分かっていなくて、英語を使うのは、何か一部の人が、日本から他の国に移住したり、赴任したりして使うものだと勘違いしているのではないかと。そうではないんですよ。この先、グローバルコミュニケーション能力のある人は、オンラインワークも含めて、世界中に仕事のチャンスがあります。英語は世界の共通言語ですから、いくらでも仕事はある。

日本人は極めて優秀なんです、グローバルコミュニケーション能力以外は。

細田――本当にそう思います。すごい技術を持つメーカーとか、斬新なアイディアがあるクリエーターが、実は日本にたくさんいる。でも、英語でマーケティングしたりセールスしたりできないとチャンスが巡ってこない。もったいないないですよね。

鈴木――それに、こんなに言った通り、言ったスペックを期限までにしっかりとやれる国民っていないんですよね、きっちりと。そしてフレンドリーでカインド。そこがあって、グローバルコミュニケーション能力があれば、もうパーフェクトなんです。ところが、グローバルコミュニケーションの力がないために、どんどん縮小していくしかない。人口がどんどん減っていって、マーケットが小さくなっていって、仕事のチャンスがなくなっていく。この分岐点が私には克明に見えています。そこに向けての対策を取れなかったことが非常に残念というか、子どもたちに申し訳ないですね。

ただ、そのことを悔いていても仕方がないので、私は政府を去りまして、一つひとつの現場を応援させていただいて、さいたま市と福井県に続く、三つ目の県が出てくることを期待していますし、もし県が動かないんだったら、1700ある市区町村の、基礎自治体の首長、あるいは教育長が動いてくれることを応援します。これ以上の子どもたちに対するギフトはないんですよ。子どもたちの幸せを願うのであれば、このギフトをぜひあげてくださいということを私の残りの人生で、微力ですけどもお手伝いをしていこうと決めて、今歩いています。

細田――鈴木先生は全国の自治体を行脚して、様々なところでご講演を何百回とされていますが、いつもさいたま市の英語教育の取り組みを「さいたまメソッド」と紹介してくださっていて、本当にうれしいです。

あの忘れもしない、大学入試改革がうまく進まず、残念な結果となった時に、鈴木先生が「細田さん、これから、政令市が面白いよ。政令市で一つしっかり結果を出して、それで全国に広げていくボトムアップのやり方でこの国を変えていこう」とおっしゃったんですね。

初めてお目にかかった時、私は高校の校長でしたが、その後、さいたま市教育長になった時に、そうおっしゃってくださって、いよいよそうだなと実感しました。それで、子どもたちに提供できるすべてをシステムの中に落とし込もうと考えて、小学1年生から中学3年生までの9年間のG・Sのカリキュラムをブラッシュアップして、彼らがいっぱい体験できるように環境を整えました。

さらに、高校生向けの体験プログラムをいくつもつくりました。とりわけシリコンバレーに高校生を連れてピッチコンテストを見学した時のことは印象的です。私たち一団の反対側に、高校生たちよりも、もうちょっと年上と思われるアジア人の団体がいて、引率している大学教授風の人に「どこから来たんですか」と尋ねたら「韓国から来た」って言うんですね。それで、私も、「私たちは、こういうわけで日本から高校生を連れてきた」と話すと、「高校生か、すごいな」みたいな話になって。その時に韓国の大学教授と意気投合したのは、韓国も日本も、とにかく人づくりが大切だと。人づくりのためには、こうやって大学生や高校生の時に世界のビジネスのまさに中心を見ることは、きっと彼らの人生にとって、とても大きな経験になるだろうという話をしたんですね。

25本のピッチを見た後に、私がその大学教授に、「私たちが連れてきた高校生や、韓国の大学生が『もし自分が投資家だったら25本のピッチの中のどれに投資するか』っていうのをディスカッションしませんか」と声をかけてみたんです。そうしたら、高校生と韓国の大学生で丁々発止のディスカッションが始まったんです。それを見ながら、私たちがやってきたことは間違いではなかったんだと思いました。

高校生たちは本当に英語が生きて働いてこの世界を動かしていくことを実感して、ものすごく大きく成長しました。彼らはとても志が高くて、将来、東大に行きたいといった具体的な希望を持っていたのですが、シリコンバレーから帰った後、「教育長、僕はスタンフォードに進学しようと思うようになりました」と言う生徒も出現して、面白い人材が輩出するだろうなって実感しました。さいたま市の教育は、そんな感じで小中高12年間育てていこうと、そんな思いでこれまで取り組んできました。

AIが普及しても必要とされるグローバルコミュニケーション能力

鈴木——やっぱり「さいたまメソッド」は王道なんですよね。

子どもたちが、グローバルコミュニケーション能力を身に付ける楽しさとか意義深さを実感しながら、内発的動機付けに成功しているという点で、まさに王道なんです。

むしろ、大学入試や高校入試を教育改革のてこに使うのは邪道なんです。

細田——そうかもしれません。一方で、現実問題としては、入試が変わると一気に教室の風景が変わり得ることも事実です。邪道なんですが……。

鈴木――それは、我々は百も承知で、20年待ちましたが、もうこれ以上は待てません。そこで、セカンドベストとして、入試改革に取り組んだわけですよ。

細田先生には自明のことと思いますが、実は、今50歳以下の英語教員、特に高校教員は7割くらいが留学もしたり、自分で研鑽をしたりして、しゃべれる英語というか、英語で授業できるだけの能力はもうすでにあるんです。私たちは、改革を進めてきた中で、30代や40代の英語教育で一番脂の乗っている人たちの中には、まさに「さいたまメソッド」に取り組みたいと思っている人たち、各自治体にかなりいます。

細田――そうなんです。たくさんいます。毎年、「さいたまメソッド」を視察にいらっしゃる方が増え続けていて、とりわけ若い教師たちは、視察後もさいたま市の若い教師たちとつながっていて意見交換とかしていますよ。

鈴木――彼ら彼女らは、まさにさいたま市のように取り組みたいと考えている。そういう思いを持っているのですが、それを止めていたのが、ある意味で入試だったんですよ。

細田――おっしゃる通りです。

鈴木――生きて働く英語を学ぶ取り組みをしても、そんなのは入試に関係ないという声があったんです。

でもね、あえて言わせてもらえば、長い人生において、別に入試なんてどうでもいいんですよ。要はその人が80年、90年、さらには100年の人生を生きていく中で、特に今の子どもたちは、107歳まで生きるということが現実化していますから、あと90年くらい、どれだけノンジャパニーズの方々と触れ合い、そしてコラボレーションしていくか。その基礎、土台を作るのが教育。その使命に燃えて、かつ能力もある教員がいっぱいいるんだけど、それが結局、職員会議だとか、英語科の会議で、「生きた英語教育をやりましょう」っていうと、「入試に関係ないから」とつぶされる。だったら入試を変えましょう、という話なんですね。

それから、これは錯覚ですが、「英語は選ばれし者が使う」という大変な間違いが世の中にありまして。

細田――それは、もう間違いなく錯覚ですね。

鈴木――大変な間違いです。例えば広島では、漁業をやってる人の約2割がノンジャパニーズなんです。これはおそらく別の県でもそういう実態になってきているはずです。それからコンビニに行ってください。コンビニエンスストアに勤めている人のほとんどは今やノンジャパニーズです。観光地に行ってください。お客さんの相当程度がノンジャパニーズです。

だから今、第1次産業、商業、観光業、ありとあらゆるところでノンジャパニーズの人たちとコミュニケーションするシーンがあるんです。これがないのは、例えば、直接住民に対応する以外の公務員と議員の世界ですね。

細田――確かにそうですね。

鈴木――公務員は基本的には日本人ですから、日本人同士で日本語で事が完結してしまいます。

国家公務員、地方公務員、それから教員も公立学校では教育公務員です。それから日本のメディアの方、そして議員。このあたりが日本語だけで完結してしまうんですよね。それ以外の領域の人たちにはすべてグローバルコミュニケーション能力が必要。

議員と公務員とメディア。この三つの職業以外はすべてグローバルコミュニケーションが必要なんだけど、力を持ち、政策を決定し、物事を決めていくディシジョンメーカーは、議員とメディアと公務員というような状況です。これを、どうしたらいいのかが課題です。

一方で、秋田にある国際教養大学。ここは私が尊敬する国際政治学者・中嶋嶺雄先生が設立に尽力された大学ですが、ここでは入学試験に英語4技能を取り入れて、CEFRで必要なレベルを取っていれば、英語を満点として取り扱います。そして大学在学中に全員留学します。この、国際教養大学・中嶋嶺雄モデルは、いろんな大学に広がっています。そして、本当に生きた英語を使いこなせる大学生を輩出していて、産業界も歓迎して採用しているわけですよね。

当時、その様子を見た時、私は文部科学副大臣だったんですけど、この中嶋方式の入学試験をいろんな大学にぜひやってくださいと通達を出しました。その後、100くらいの大学で取り組みが進みましたので、100校がちゃんと安定的にこれをやれているということがあります。それから我が東京大学でも、帰国子女入試は英語4技能で、国際的な民間英語試験を活用しているんです。それで、他の大学入試でも大丈夫だろうということで合意を取り付けたわけですけども、私が大臣補佐官を辞めた後にひっくり返ったということなんです。

話を戻すと、それで、入試で、英語教育のあり方を変えられないとなった以上、もう一回改めて、なぜ4技能のグローバルコミュニケーションが必要なのかを丁寧に、学校現場の先生方、学校長、教育政策に携わる人たち、その議論に加わる議員とメディアと公務員の方々に、もう一度伝え直したい。これは結局、中央だけでやっていても動きませんから、全国1700の市区町村からボトムアップで取り組みを広げていくしかない。

ボトムアップで考えたときに、校長は、相当な権限を持っているんです。校長がやる気になれば、かなりのことができるんです。例えば、校長が英語科の先生を集めて、大学入試改革は頓挫したけど、少なくとも僕たちと縁あって、この学校を選んできてくれた子どもたちの未来に向けて、やっぱりプレゼントしようよと決めればいいんです。子どもたちが身に付ける、その力は100年モノなわけだから。

この本を読んでくれている校長、あるいは、教育委員会の英語担当の指導主事、その他にも、ポジションがあろうがなかろうが、ベテランだろうが若手だろうが、影響力を及ぼせる範囲はいろいろかもしれないけれども、自分とご縁のあった子どもたちに対して頑張るんだと、全国100万人の教員にはぜひ思ってほしい。総理も文部科学大臣にもやれなかったことを、自分の力で取り組んでくれればと本当に願っています。

細田――おっしゃる通りです。優れたビジョンとマネジメント力を発揮されている教育長の自治体は、傑出した取り組みをされていますね。それは、もちろん校長先生にも当てはまっていて、校長は、教育課程の編成権を持っているわけですから、自校の子どもたちに「世界基準の英語力」をプレゼントしようと決心してくださったら、日本中の英語教育を変えることができるわけです。

鈴木――そうです。そして、これは英語科でなくても、例えば社会科でも理科でもできるんです。例えば、新型コロナウイルスの情報は日本のウェブサイトを見るよりも、ジョンズホプキンス大学のウェブサイトを見た方が詳しい情報が出ていると、保健の先生や理科の先生が取り組んでもよいわけです。英語科だけが英語を扱うのではなくて、思いついた人、気が付いた人から始めていく。

細田――大賛成です。私が本書のタイトルを『世界基準の英語力』としたのも、いわゆる英語の運用力だけではなくて、自分の頭で考えて、そして自分の思いを伝えていける態度と、それからいろいろな情報を自分の中でまとめて行動していくオーナーシップも育てていかなくてはいけないと考えたからです。

私自身、若い頃にアメリカに留学して、最初、寮に入る前に2週間くらいホームステイをする経験がありました。ある時、ホストマザーに、「今日、友人になったアメリカ人が、他のアメリカ人に私を紹介する時、“She is different.”って言ってた。ちょっとショックだった」って話したんです。「彼女、ちょっと他の人とは違うのよ」って決して褒め言葉じゃないと思うじゃないですか。ですから、ホストマザーに「ちょっとショックだった」と言ったら、ホストマザーが「眞由美、何言ってんの、それ最高の褒め言葉よ」って返ってきたんです。

「“different”っていうのは、違う文化を背負っていて、ちょっと違ってて面白い子だよ、“She is unique.”っていう意味で、最高の褒め言葉じゃない」って言われたんですね。それで、はっとして、そうかあ、違いって素敵なことなんだなと感じました。

その後、日本に戻ってきて教師になると、教育現場では「ちょっとあの子ね、変わってんのよね」みたいな言い方がされることがあるのですが、それは決して褒め言葉ではないんですよ。日本は尖ったキャラクターや尖った人材に対して、少し煙たい感じで見てしまうんですよね。

先ほどのお話のように、私は20世紀後半から21世紀にかけて日本経済は負け続けてしまったと思っています。その要因の一つに、日本が“She is different.”が褒め言葉になり得るという、違いを生かしていくような教育ができなかったことが大きいんじゃないかと思っています。

英語の運用力と共に、自分の考えを持てる、そして、その考えを母語でも英語でも堂々と表現できる、そういう子どもを育成していかなくてはいけないと強く思っています。

鈴木――その通りだと思います。

最近、「ＡＩが入ったから、もう英語の勉強はいらないんじゃないの」と言われたりします。それについても触れておきたい。確かに、事前に議題や結論まである程度、固まっているフォーマルな会議などであれば、おそらく自動翻訳の精度は上がってきているので、ある程度使えるものになると思います。

しかし、そもそも人間の仕事は、結局のところ「相手の心を動かせるかどうか」なんですね。そうなると実はオフがすごく重要で、オフミーティングやインフォーマルが大切なんです。特にグローバルな社会においては、人と友達になれるかどうかが肝なんです。

そのためには、やっぱり一緒に遊び、一緒に喧嘩し、一緒に仲直りするプロセスが重要で、友達と遊ぶ時に、簡易な自動翻訳機を持って行きますか？それで会話をして、本当に相手と友達になれますか。喧嘩できますか。仲直りできますかってことなんです。

グローバルコミュニケーション能力があって、人と積極的に関われる人たちは、どんどん仲良くなっていきますよ。人とまさに心が揺れるコミュニケーションができるかどうか。

仕事においても、実は一番重要なところが「心」になってくる。法律の文書とか企画書とかはＡＩに書いてもらえばいい。ビジネスモデルとか事業計画とかもある程度実際にＡＩが作り始めています。だけど、最後、この会社と組むかどうか。それは会社だけではなくて、研究でもそうだし、バンドでもそうだし、自分が相手を口説けるかどうか、もうありとあらゆるプロジェクトが、一緒にやれるかどうか、ここなんですよ。

結局はトップ同士が、ＡＩでは作り出せない信頼関係や友情関係を、ここをつくれるかどうかが、いよいよ人間の仕事になってきていて、そのためのグローバルコミュニケーション能力を磨こうとすると、やはりＡＩ翻訳では人の心は動きません。

細田――確かにＡＩでは心は再現できないですよね。

これからの公立学校教育の役割とは

細田――鈴木先生、私自身、教育長を拝命して、公立の学校教育では、特に義務教育の段階にある子どもたちに対して、私にはどんな使命があるのかなということをずっと考え続けてきました。グローバル社会では、日本が世界から取り残されつつあるという話も先ほど出ましたが、一方で、日本の社会内部でも階層化してきて、子どもによっては大変厳しい状況に置かれている子もいます。どんな家で生まれようと、家庭の教育資本に大きな差があったとしても、公立の学校教育が優れた教育活動を提供できれば、そこで学ぶことの面白さを体感した子どもたちは社会に出てから、自らの道を見つけられていくでしょうし、良いリーダーにもなっていけるし、良いフォロワーにもなっていけるんじゃないかなって思っているんですね。

２０２０年3月から、新型コロナウイルスに伴う対応で一斉に学校を閉じた時に痛感したんですけれども、さいたま市でも3食の中で学校給食だけがバランスが取れた食事だったっていう子も少なからずいたことが改めて分かりました。公立学校には様々な子どもたちがいて、例えば、思春期のど真ん中にいるクラスメイトで、机を並べている細田君はすごくいつも元気だけれども、実はとても大変な家庭の環境の中で育っていたんだなっていうことが、ある時、リーダーである鈴木君が気付いて、そうすると鈴木君が、思春期において、そういういろいろなバックグラウンドがあるダイバーシティに富んだ学び舎で思春期を過ごし学んでいって、すごく良いリーダーが生まれてくるといいなと思っているんです。

そのためにも、公立で、私たちができる最高の優れた教育活動を提供していきたい。それが公立の学校教育を任された、教育のリーダーとしての務めだとずっと思っててました。

鈴木先生は、教育とりわけ公立の学校教育にはどんなふうに思いをお持ちでしょうか。

鈴木——細田先生の思いは素晴らしいですね。私のライフワークも、どんな家に生まれても、どんな地域に育っても、すべての子どもや若者にそれぞれに最善の学びを用意したいと30年間やり続けてきました。

家庭環境は経済的なことだけではなく、本人や家族に病気や障害を持っているとかといったことも含まれます。私は林芳正文部科学大臣の時に、Society5.0時代の人材育成懇談会（Society5.0に向けた人材育成に係る大臣懇談会）で、林大臣自らが座長、私が座長代理をさせていただきましたけど、そこで公正な個別最適化（公正に個別最適化された学び）ということと協働学習ということを盛り込ませていただきました。その時の思いは、すべての子どもたちに、最善の、その子に合った学びを提供することなんです。市場原理では非効率なことはできません。だからそこでは「公正な」という考え方が非常に重要です。一番困っている人に一番手厚くするのが公正なんですよね。これまではどちらかというと形式的な平等主義、困っている子にも困っていない子にも平等にすることが大事だった。そうではない、困ってる子にこそ手厚くしなきゃいけない。戦後の文部行政の根幹の考え方の一つを大転換するところに大きく一歩、舵を切ったわけです。公正な個別最適化と協働学習に取り組む現場は、公教育であり公立の学校教育だと思っています。

もう一つはもう少しイノベーティブな話をすると、シュンペーターっていうイノベーションの学者が、「新しい結合がイノベーションを生む」ということを言っているんですね。そうすると、ダイバーシティが正確に日本では理解されていないようにも感じるのですが、多様性を認めるだけではなくて多様であることが、新結合の順列組み合わせのパターンが増えるので、ダイバーシティ＝イノベーション、だからダイバーシティなくしてイノベーションなしなんですよ。

そういう意味で、協働学習が大切になってくるわけですが、教育現場におけるダイバーシティの確保は、人権の観点からも大切ですが、積極的にダイバーシティを求めていくことが必要なんです。これが価値創造の源泉であるということをぜひ本書の読者にも理解していただきたい。それがまさに公正で、ダイバーシティが確保されているのが公立の学校現場で、やっぱりその可能性があることを再認識したい。

それから同じような観点ですが、私はリーダーシップの一つのあり方として、「ソーシャル・オーケストレーション」ということを提唱しています。サッカーの元日本代表監督の岡田武史さんと一緒に、FC今治高等学校を2024年4月に始めます。これは決してサッカーやスポーツだけを教える学校ではなくて、まさに新しい形のリーダーシップを養成する学校を高校でつくるんです。私が提案したコンセプトは、「キャプテンシップ」っていう言葉です。

今までのリーダーは、自分は背広を着ていてね、グラウンドに指示を出していただけだったわけです。私は、野球は大好きですけど、野球の監督もベンチにいて雨露しのげるし、泥もかぶらないし、そこから「次は走れ、次は打て」とか、こういう指示を出すだけのリーダーシップの形でした。サッカーとかラグビーとかは人選を決めたら、あとはもう現場に任せるしかないですね。まさにキャプテンというのはみんなと同じフィールドに立って、一緒にドロドロになって、一緒にリスクを背負う。ある意味、リスクを最前線で取ると。

それからやっぱりキャプテンにとって、とても重要なことは、すごく劣勢になったときに、もう駄目かもしれない、負けちゃうかもしれない。そのときにチームメイトを鼓舞する。これがまさにキャプテンなわけですね。

「ソーシャル・オーケストレーション」。この観点では、結局みんな音が違うんですよ。バイオリンの音、トランペットの音、最初はカオスです。でもそれをオーケストレートすることによって、ハーモニーが生まれてくる。そうすると、どんな天才バイオリンソリストの出す音、これも素晴らしいですけども、やっぱりオーケストラの音っていうのは、それとは全然違うわけですね。そこに新しい世界が生まれてくるわけで、結局、その指揮者は実は本人だけでは何もできないんです。何の音も出してないです。だけどみんなの力を引き出して、それを抑えて調整するんじゃなくて、ガンガン出してもらってそれを合わせるのではなく重ねるんですよね。全部出してもらってそれをうまく重ねてハーモニーをつくって、これが名指揮者なんです。そういうリーダーが必要です。

この世に1人しか存在しない唯一無二の存在が一期一会で出会って、その時の音楽を作り、あるいはその時の芝居を作る、その時のゲームを作る、二つと同じものがないパフォーミングアーツですからそういったものをまさにプロデュースするのが、新しいリーダーなわけです。

それと、これからはVUCAの時代なので、物差しが、ある日突然ガラッと変わることがあるわけですね。それまでは良いとされていたことが、突然それが悪いってことになっちゃう。主たる価値観が、根こそぎひっくり返ることが起こるわけです。そうすると、次にどんな価値観になるか分からない。そうしたときに、ダイバーシティはとても重要なんです。VUCAの時代には成長よりも、リスクマネジメント、レジリエンスが重要です。従来の物差しではものすごく良いと評価された人、あるいは従来の物差しでは、光が当たらなかった人が世界情勢が変わった瞬間に、突然、脚光を浴びたり極めて大きな力を発揮したりするわけですね。

今までは、古いタイプの勉強ができる人たちが優秀で、そういう人たちが成長に寄与するとされてきたのですが、一方で、都会の会社なんかはですね、メンタルに問題を抱えている人が3割ぐらいいるといわれています。これはいつ何どき、個人あるいは家族がメンタル不調に陥っても不思議ではない。学校においても保護者、中には一家の大黒柱がメンタルになるかもしれないし、あるいは子どもがそうなるかもしれない。こういう状況を考えると、これも大変なリスクですよね。

その時にですね、いろんな友達がいることが大事になります。勉強ができる友達だけだと、そういう人は忙しくて、話を聞いてくれない。だけど、いわゆる「いいやつ」っていますよね。やっぱりそいつが何か話を聞いてくれて、心のいろいろな問題を抱えている時に話し相手になってくれて、その友人のおかげで立ち直ったとかね、救われたっていうことはね、もうこれから山のように起こるわけですよ。僕は学生に言ってるんだけど、大学なんていうのはね、友達をつくりに行っているところだから。人生何があるか分かんないけども、社会に出たら、やっぱり利害関係が出てしまう。お互い何者でもないお馬鹿な時にできた心の友は、これは一生の財産なわけですよね。

ＡＩ学習ドリルで、いわゆる20世紀型の学力はできるようになると思います。だけれども、心の友をつくる観点からしたら学校っていうのはこれからますます大事だし、偶然、自分の意図しない、ランダムネスから生まれる人間関係があって、公立っていうのはそっちのランダムな出会いをつくるところに公立教育の極めて重要なエッセンスがあるんです。

細田――地元に根差した生活と密着した公立の学校教育は、本当に多様な出会いがあって、その中でいろんなケミストリーが生まれる。これって、人生においても、とりわけ思春期には大切な出会いですよね。

鈴木――ランダムに、それこそ先ほど、細田先生が話された“different”な友人と、ランダムに出会うチャンスをくれるのが、公教育なんですよね。たまたま地域が近いっていうだけで、あとはもう本当バラバラなやつと、いろんな多様な出会いをつくっていることが重要です。

子どもの時は、いろんな何にでもなり得るありとあらゆるチャンスがあるわけで、それをその小さい時から目的志向的に学びや育ちをしてしまうことは大変不幸なことで、こういうやつもいる、こういう面白いこともあるんだ、こういう大変なこともあるんだっていう、それを私は「ソーシャル・マドリング」って言っています。

細田――マドラーですね。

鈴木――そう。そのマドラーで、混ぜるのが、公立学校のエッセンスなんですね。そこで面白いカクテルができる。そういうランダムネスは、人生をよりよくウェルビーイングに生きていく多様なつながりをつくっていくんです。

今年（2022年度調査）ついに、不登校の小中学生が30万人近くになりました。これは私も含めて公教育に携わっている者がしっかり受け止めなくてはいけないと思います。公教育っていうのはさっきも言ったようにダイバーシティであり、フェアネスであり、マドリングでありっていうことなのにもかかわらず、モノトーンのワンパターンで終わっていないか。

細田――先日発表された、29万9048人。この数字には、学校教育の終わりの始まりというくらいの衝撃を受けました。

鈴木——それくらいの危機感を持ってもう一度原点に立ち返って、公教育はなぜ必要なのか、あるいは公教育の特徴っていうのは何かに戻って公教育をまさにリデザインし直すくらいのことをしないと、この不登校30万人っていうのは、ある種のシグナルです。

小手先の対応では、この問題は解決できない、切羽詰まった状況にあります。ぜひ日本中の関係者が公教育の危機を踏まえて、一方でピンチはチャンスだから、ここをちゃんとやればですね、大チャンスになる。

細田——本当にそうですね。私自身がさいたま市の教育長を拝命して6年間痛感していたんですけれども、さいたま市の教師に限らず日本中の先生たちには、本当にいろんな知恵があるんですね。例えば不登校の子どもたちや、不登校予備軍や生きづらさを感じてる子どもたち、あるいは今の形の学びじゃないところで存分にやりたいと思っている子たちに、様々な受け皿、様々な場で学べる、そういったものをいっぱい用意していくアイディアや知恵を持っているんです。でも、そういった知恵やアイディアを、奔放に実践できる器がない。すぐに、前例がないなど、できない理由を並べ立てられる。教育こそ、現状を打破できるイノベーターが必要で、尖った人材が力を発揮できる場が創出できないと、本当に学校がオワコンになってしまいますよね。

私、教育長を退任して、日本の「教育」を何とかしなければならないと本気で思ってくださっている学校教育以外の場で活躍している多くの方々にお目にかかりました。今こそ、「教育村」の壁を溶かして、そういう人々と、アイディアや知恵とパッションを持ち合わせている教師たちが、コラボしてイノベーションを起こしていかなければならないと思います。

鈴木先生のおっしゃる通り、外からのそういう力を取り込むことができたら「ピンチはチャンス」ですよね。

鈴木先生とこうやってお話をすると、多くの気付きをいただいて、そしていつも元気になります。

鈴木——私も元気になりますよ。

細田——本当にお忙しい中ありがとうございました。これからも、鈴木先生といろんなことにチャレンジさせていただきながら持てる力を最大に発揮していきたいと思います。

対談Ⅱ　経済界

日本マイクロソフト株式会社
執行役員
中井　陽子
×
細田　眞由美

教育分野でデジタルの積極的な活用を推進している中井陽子さん。外資系企業勤務だけでなく、米国本社に勤めたこともある、まさにグローバルビジネスを経験した一人です。現在の活躍からは想像できない意外な苦労と日本の英語教育についての思いを聞きました。

中井 陽子

日本マイクロソフト株式会社 執行役員
パブリックセクター事業本部 文教営業統括本部 統括本部長
1997年日本マイクロソフト株式会社入社。法人向けプロダクトマネージャを務め、オーストラリアの大学院にてMBAを取得後、2009年マイクロソフト米国本社にて戦略立案を担当。2012年4月から再び日本法人で管理職を務め、2015年5月業務執行役員、2022年1月執行役員に就任。文教領域のトップとして、GIGAスクール構想をはじめ、日本全国の教育現場のデジタルによる変容を推進している。

英語の壁で国際的に活躍できない日本人

細田――中井さんはビジネス界で、日本人が今置かれている状況、課題をどんなふうに感じていらっしゃいますか。

中井――そうですね、この10年間、本当に課題と思っているのは、仕事もできて、お客さまとの話もできるし、技術も分かっている、でも英語のコミュニケーションができないことによって、どこかで閉じてしまうケースを何度も見てきているんですね。これは昔風の英語教育、日本の教育の仕方が根付いてしまっている部分があるかなと思っていて。細田さんがさいたま市で取り組まれてきたような教育とはまた別の従来型の学び方、とにかく文法を勉強して、テストで◯か×かを解答させて、受験勉強が典型ですが正しい答えやスコアだけを追求し続けていると、グローバル社会の中で、日本としてもっとプレゼンスを高めて投資を呼び込まないといけない、もっとそのための協力を得なくてはいけない時に、周りの人たちを巻き込むとか、協力を得るとか、関係を強めるといった交渉ができないケースを残念ながら何度も見てきました。

細田――よく分かります。

中井――能力がとても高いのに英語をしゃべれないことによって引いてしまう人が多くいらして、何とももったいないと思うんですね。私は米国勤務時代に、子どもを現地校に通わせて学習の仕方を見ていましたが、日本の基礎的な教育は算数・数学なども含めて圧倒的に高度なことを勉強しているんです。ただ、海外でそれを活用する際に壁を越えられない。

これは多分、グローバルコミュニケーションの問題ですね。

細田——その通りだと思います。

中井——昔を振り返るわけではないですが、例えば高校時代に留学して1回日本を出てみて自分の置かれている立場を見て戻ってくる、あるいはもっと勉強したいから海外の大学に行くといった流れがかつてはあったと思うんです。今それが減ってきていますから、さらに他国との差が広がっていく。今は世界とデジタルのネットワークでつながっていますから、これから先は鎖国のような政策はもうできないわけです。グローバリゼーションが必須になっている中で、交渉していく力が追いついていないなと、深刻に感じるところがあります。

細田——そうですよね、例えば日本の持っている技術力とか日本の持っている商品、サービスには、世界に誇れるものがいっぱいあると思うんですよね。だけど、世界に誇れる技術力や製品、サービスをどうプロモーションしていくかに課題がある。それは英語力の部分もありますし、多様性を理解してつながっていくマインドセットの部分も日本の教育は今まで足りなかった。

中井——そうですね。

細田——中井さんは本当に素晴らしいご活躍をされていますが、最初から国際的に活躍するビジネスの道を志していたのですか。

中井——実は私、大学では教育学部に通っていたのです。教員を目指して。

細田——えっ、本当ですか。

中井——はい。母方の親戚に教員が多かったことで子ども時代から教員が憧れの職業の一つでした。祖母はもともと富山県の公立学校の教員で、定年まで勤めた後、祖父も亡くなっていたので1人で寺子屋みたいなものを自宅で開いていました。学校の勉強についていけない子どもたちを集めて教えていました。私は東京で育ちましたが、毎年夏休みには祖母の家に行って、畳の部屋で机をいっぱい並べてそこに来ている子どもたちと一緒に勉強する経験をしてきました。祖母は、できない時には「頑張りなさい」って指摘する厳しい一面もあれば、ちゃんとできた時にはとても明るく褒めることを繰り返していて、教える仕事って本当に素晴らしいなと思ったんです。私は先生という仕事はとても憧れていたので、細田さんのように、教えることや子どもの人生のつくることに大きな影響を与える仕事は羨ましいです。今でも尊敬する仕事の一つです。

細田——ありがとうございます。そこからどのように今の道に進んだのですか。

中井——教員になろうと思い、大学で教育学部に入り、アルバイトも家庭教師をしていたのですが、その頃にITに出合ってしまったんです。興味がどんどんテクノロジーの方に向いていって、実際にアメリカに行って様々なシーンで使われているパソコンを見ているうちに、こっちの道に進みたいなと思うようになって。結局、教員免許を取らずに、大学卒業と同時にマイクロソフトに入社しました。

学び直しが必要だった英語

若いうちにアウトプットの機会を

細田——そうすると、当初からグローバルコミュニケーションに関わってきたのですか。

中井――それが実は外資系ということはあまり意識していなかったんです。私が入社したのは1997年で、マイクロソフトがグラフィックユーザーインターフェース（GUI）を開発したのが2年前の1995年でした。かつてのパソコンは真っ黒なモニター画面にコマンドを打ち込んで動かしていたのですが、ウィンドウズ95のことを覚えている方なら分かるかと思いますが、一般の方が直感で操作できるものにパソコンが変わった大きなパラダイムシフトとも言える転換点が1995年で、そこに強く感銘を受けてこの会社で働きたいと思って入社しました。

でも、そこから苦労の道が待っていまして（笑）。日本法人で働いているので、お客さまは日本の方ですが、方針とか製品の説明はすべて英語のものが出てくる。

細田――本社がアメリカですからそうですよね。

中井――最初は営業職として配属されて、その後、自社開発製品を日本市場に提供する製品部門に配属になった時に、突然、米国本社の人たちとやり取りを日常的に求められるようになりました。そこで初めて、それまで学んできた英語を「生きた英語」にしなければならない難しさに直面しました。

細田――なるほど、そうだったのですね。

中井――すべてが英語で行われる会議にも出席しなければならない状況でした。日本人は私1人、他の人たちは何十人も英語でしゃべる会議に立ち会わなければいけなくなり、コミュニケーションの問題が出てきました。聞く力と話す力、伝える力、理解する力が必要だと大きな衝撃を受けました。そこからもう一度学び直さなくてはと思って、私の場合は、修士号を取得している割合が高い本社の人たちと対等にコミュニケーションを取るために、海外のMBA

スクールでオンラインの学生としてすべてのカリキュラムを英語で学ぶ修士号を取り直しました。

細田――あら、そうなのですね。

中井――カリキュラムが日本語化されたもので学ぶと日本語で理解してしまうから、英語で学ぶ環境にあえて自分を置くために、オーストラリアの私立大学のMBAプログラムにしました。教科が英語で提供されるプログラムに入りまして、夜と週末にどっぷり英語で2年間学習をし続けて、やっと本社の人たちと対等にディベートできるようになりました。そこで自信をつけて、日本マイクロソフトで12年勤務した後に、今度は本社のマイクロソフトコーポレーションで勤務するため、渡米をします。本社はワシントン州のレドモンドにあります。

細田――シアトルの近くですね。

中井――渡米して、マイクロソフト本社に再就職して2年間ほど働きました。そこでは、日本で学んでいた英語とはまた違う、もっと速いスピードの英語が使われていました。ただ、私が渡米したのは2009年でしたが、創業の1975年から30年以上たっていて、ビジネスとしての停滞期がすでにあった時期でした。そのため、会社の経営方針として、ダイバーシティ・インクルージョンといって、多様性を入れるという方向になっていたんです。

細田――なるほど。

中井――創業者はご存じかと思いますが、ビル・ゲイツです。マイクロソフトはホワイトカラーの米国人が中心につくった会社で、成長していくうちに似たようなバックグラウンドと文化的背景の人たちが集まってくると、どこかでイノベーションが停滞してしまうんです。

細田――組織とはそういうものですよね。

中井――そこで経営が傾いたこともあって、新しい社長になって、今度は経営戦略として多様な人たちを会社の中に入れようとなりました。それによって本当の意味での多様性を実現する改革が始まりました。私が2010年から関わった部門は、上長がまずアフリカンアメリカンの方。アメリカ人が少なくて、ブラジルなどラテン系の方や、ヨーロッパの方、アジアの方、私もそのアジアの1人だったんですけど、英語を母国語としない方々が英語で会議をする組織に入ったんです。そこでまたこれまでとは異なるグローバライゼーション、コミュニケーションの仕方を改めて毎日体感することになりました。相手の言うことを理解して、自分の言いたいことを伝えて、協力者を得て、プロジェクトを動かしていくことを数年間経験して、そこでみっちり鍛えられました。

2012年に日本法人にまた戻り、今度は管理職として働き始めて、今ちょうど12年になります。日本のお客さまにサービスやソリューションを提供しますので、本国の人たちに日本のお客さまが求めていることや課題をしっかり伝えて、日本に向けてより良いものを作ってもらう、サービスを改善してもらうことに取り組み続けています。

細田――そうした経験を経て、英語やグローバルコミュニケーションに対してどんなお考えをお持ちですか。

中井――英語だけの環境に来る機会はなかなかないと思いますが、その経験を得たところから考えると、やはり学校での英語教育は本当に大事だなと思います。日本の英語教育は、正確さを重視するというか、文法的な基礎をしっかり積み上げているんですね。私も基礎ができていたので、海外に行った時に基礎的な英語力はしっかり生かせたかなと思いますけれども、生きた英語をしっかり話していく時には、今度はもっと、何と言うか、「道具としての英語」のような力が必要でした。

それはなかなか机上では学び切れないところもあるので、経験をミックスできるといいんじゃないかと思っています。そういう経験は小学校・中学校・高校のうちに積むのがよいように個人的には感じます。今の時代はデジタルのパワーが使えて、世界とはどこでもつながるチャンスがあるので、子どもたちがしっかりと土台を作った勉強をなさっているのであれば、それをアウトプットする機会が必要です。インプットを受けて、アウトプットを返すやり取りを続けていると、どんどん筋力のように英語力が身に付いていくんです。できれば社会に出る前になるべく多くそうした機会を与えてあげられるといいと思います。

私自身は大学時代に海外で作られたパソコンに出会って、この道に進むならもっと英語力を鍛えたいと思いましたが、大学の読み書きの授業はもう十分だとも感じていました。一方で、発話するとか聞くとか、コミュニケーションのためにやり取りする機会は本当になかったんです。昭和40年代の生まれですから、当時は小学校や中学校にも今のようにALTの先生がいなかったので、何とかその力を付けるために自分で先生を探して、自分でお金を払って学び続けたことがありました。でも、今の学校教育ではALTの先生がいらっしゃるのですから、そういう機会がもっとあればいいんじゃないかと強く思います。さいたま市には素晴らしい先生がいらっしゃると思いますが。

細田――中井さんがご自身のキャリアのスタートの時に、こういう英語教育を受けたかったと感じた部分については、まさにさいたま市が小学1年生からそういう教育を目指してずっと取り組んできているんです。
おっしゃる通り、日本の英語教育は「読み」「書き」を重視して、先生たちは英文の構造を早く学ばせようと、文法を日本語でしつこく説明したりするような教育が長く続いてきました。でも伝えることができていないので、多くの人たちから「こんなに長い間、英語を勉強しているのに実際に使えていないじゃないか」っていう声が出てきたわけです。
私自身も高校卒業後にアメリカに留学して、今自分が思っていることや知りたいことを伝えたい、友達になりたいって思った時に、瞬発力の方がうんと大切だなって思ったんです。それで英語教師になった後、自分の授業ではそれをずっと実践していたんですけれども、教育長になって自治体の教育のシステムについて決定権が持てたので、これを仕組みとして展開しようと「さいたまメソッド」をどんどん膨らませていったんです。インプットとアウトプットのバランスが取れていないと、本当に瞬発力のある、生きた英語にはならないと思います。さいたま市は小学1年生から高校生までの12年間で、中井さんがおっしゃった、リアルな、生きた英語を子どもたちに伝えられるように頑張ってきました。

中井――素晴らしいと思います。

細田――私は教育公務員を40年もやってきて、学校教育のど真ん中にいた人間なので、本当に申し訳ないっていう思いでいっぱいなんですね。日本の持っているものを世界できちんと認めていただければ、日本のプレゼンスは絶対高まると思うんです。でもその伝える力、ツールとしての英語を使いこなせていない。

中井――そうかもしれません。

教育に力を入れる海外諸国 日本は後進国に？

細田――中井さんはビジネスの最前線にいらっしゃるので、残念で仕方ないと思うような場面をいっぱい見ていらっしゃるんじゃないですか。

中井――そうですね。必要なのはコミュニケーション力と、英語力だけではなくて、伝える力です。○×には簡単に分けることができない、あえて答えを求めない教育をもっとやるべきだと思います。自分の考えを伝えて、相手に理解してもらって、相手のことも理解する一連のやり取りを長く続けられる人がグローバルな場面では活躍していると思うんです。

アジア地区でくくった場合、オーストラリアとニュージーランドも含められる場合があります。私たちみたいなグローバル企業だと、オーストラリア、ジャパン、中国、インド、東南アジアが一つのグループなんです。この時に、圧倒的に存在感を出すのがオーストラリアなんです。

細田――分かります。

中井――その人たちってやっぱり欧米の教育方法が入っているから、答えが合っているか合っていないか、あるいは解答が正しいか正しくないかではなくて、自分がどう思うか、が大切なんですよね。分からなかったらそれをどう質問するかという教育をたくさん受けてきているから、みんなで1個のケーキを取り合う時、その取り方が上手なんです。

自分はそのケーキが欲しい。何で欲しいのかというと、自分はこう思うからだと、それが正しかろうと正しくなかろうと「自分はこう思う」って意見を堂々と言うんですね。

そうすると、アジア人は「あっ自分のことを言いすぎている」ってちょっと引いちゃうんです。ここで、「いや、私はこう思うから、私もこのケーキが欲しいんだ」と言い続ける力が国際競争力につながると思います。日本人は持っている資質能力や受けている教育レベルは高いので、アピールするとかプレゼンスを出すとか伝えるとか、ここを育ててエンジンを付けてあげると強くなると思うんです。

まだ日本の人たちは、集団の中で他の人の主張を聞いて感心して拍手するだけ、手を挙げようか迷って結局挙げないといった感じになりがちなところがもったいないなと思っています。

細田――もったいないですよね。私も今ユネスコの国内委員をやっていて、国際機関の話も耳にします。例えば、ある国際機関のこのポストは日本人という状況で、その方の年齢が高くなってきたので、誰を後任にするかという場面が出てきます。日本としては、あのポストは次もやっぱり日本人にと思って、誰かいい人がいないかと探すわけです。英語力があって、アピール力もあって、世界中の多様な価値観について理解しながら、自分の意見をきちんと言える、世界基準の英語力と世界基準の人間力を持っている人を探しても、候補者がいないんだそうです。それで、「どうしよう、あの人はこの点はいいけれども、全体としてはどうかな」ってグズグズしているうちに、アジアの他国にポストを奪われてしまっている。「細田さん、そういうことが今しょっちゅう起こっているんだよ、だから学校教育がもっと頑張ってよ」って言われるんです。

中井――やっぱりそうですか。私も最近危機感を感じています。生成ＡＩの話ですが、台湾、韓国、中国、フィリピン、マレーシアあたりは、英語教育に相当に力を入れているようです。昨年（２０２２年）、マイクロソフトが関わった事例ですが、台湾の文部科学省が政策として、小中高の生徒の英語力を高めることを推進しています。それは、読む・書くはできるけれど、発話する・伝える・聞くっていうところが弱いということで始まったんです。

細田――台湾はアジアの中でも相当英語ができるのに。

中井――それでもやっぱりグローバル政策で、もっとバイリンガル政策を進めたい、もっと力を付けたいという思いがあるようで、小中高の生徒の発話に全部対応して、ずっと話しかけられるCoolE Bot（クールイーボット）っていう生成ＡＩを作ったんです。台湾文科省が作ったんですよ。

細田――私、台湾に英語の教員の友達が何人かいて、この間オンラインで話す機会があったんです。そうしたら彼女たちがまさにそのＡＩを壁打ちとして活用していることを話してくれたんです。これまでも台湾の人たちは何でこんなに英語が上手なのかと思うくらい、台湾は英語ができると認識していたのですけど、もっと力を付けようって、教員たちがＡＩを使い倒していました。

中井――２０２２年10月に発表したんですが、ご存じだったんですね。台湾文科省が現地の大学と一緒にデザインして、マイクロソフトのAzure（アジュール）オープンＡＩサービスを使っていただいたんです。台湾政府が作るので、生徒たちが発話した内容は全部データとして台湾文科省に蓄積されるんですね。そうすると、その発話のデータログを見れば、どこで子どもたちがつまずいたか全部分かるんですよ。そして、そこを学校の先生がもっと丁寧に教えていく、いい仕組みができてくるんですよね。

ＡＬＴは素晴らしい仕組みですが、一方で教育の質をそろえる、人材を確保するには負担も大きいです。CoolE Botは24時間365日同じクオリティで、しゃべり続けるんです。
細田――コスパがいいんです。びっくりしたのはオンラインでその授業を見た時に、使っている頻度がすごい。どんどんデジタルデータが溜まっていって、溜まれば溜まるほどAIの精度が良くなりますよね。
中井――そうなんです。本当の個別最適な学びができるようになるんですよね。私が先ほど危機感って言ったのは、やっぱりそれをやる国とやらない国で、5年後10年後に全然違ってくるということなんです。
細田――今だって差がついてるので、これ以上離されたら、もう後ろ姿も見えなくなっちゃう。
中井――そうなんですよ。台湾は政策としてちゃんとお金を入れている。2030年までに今学んでる生徒たちをバイリンガルにするという「バイリンガル政策2030」を打ち出して始めているんです。
それから同じように、AIを使った学習でマイクロソフト365が出しているものを全小中高に使いますっていうのが、例えばマレーシアなんですよね。国として皆さんやっています。ここは日本が遅れています。
細田――それに関してちょっとした話があるんです。校長時代にマレーシア・シンガポールの修学旅行を企画して、子どもたちがマレーシアでホームステイをしたんですけど、私も1日だけホームステイをしたんです。その時のホストマザーとかホストファーザーが「眞由美、昔は『ルックイースト（日本を見ろ）』と言って、とにかく日本に追いつけ追い越せだったんだ。ところが今、『日本見るな』になっちゃってるから、これじゃまずいよ」って言われたんです。本当にマレーシア人は英語がすごくよくできます、お隣の国、シンガポールはもちろんできます。

かつて日本は1億2000万人の人口がいて、国内で商売も割と完結できたじゃないですか。でもこの先はそういう時代じゃないですからね。どんどん国際競争力をアジアの諸国が付けてきている中で考えると、子どもたちに1日も早く世界基準の英語力のギフトを与えないといけない。

中井——本当にそう思います。ぜひ、日本全体の英語教育を見てもらいたい。

細田——とりわけビジネス界で必要とされる人材像とか人物像、例えば、マイクロソフトだとどういう人たちが有能で活躍できるかということについて、お聞かせください。

中井——それは英語教育だけでは駄目な気もします。子どもには与えてあげれば、ちゃんと伸びる素質があると思うんですけど、やっぱり日本は国境を外して、どの国の人ともやり取り上手な方って、やっぱりEmpathyなんじゃないかと。共感力があるかないかですね。

細田——そうですね。おっしゃる通りで、本書で伝えたいこともそれです。

中井——そういうところで共感できてうれしいです。製品開発するときもそうで、相手がどういうシーンで使って、その人の苦しみや不足を感じる点を取り除いたり解決したりして、より良いものが提供できるかは、相手のスタンスを理解する力なんですね。相手が置かれた立場や思いとかを理解する。コミュニケーションも同じで、言葉の壁を越えて協力体制をつくれる人って、そこが分かっている人。相手が今これしてもらったらどうかなとか、今どのタイミングで自分はこういうことを言うべきかは、気持ちを読む力だと思うんですよね。それができる人って、英語力あるないにかかわらず、どんなシーンでも活躍するんです。

新しく入社してくる社員の中にはそれがすごく長けてる子たちがいて、デジタルの時代ってそれがもっとできやすくなっていると思うんです。

細田——なるほど。

中井——デジタルを使うと何か冷たいとか、駄目なんじゃないかと考える方もいらっしゃると思います。ただ、一方で、画面の向こう側にいる人に対して意思疎通したいと考える場面では、情報が少ない分ある程度思いをはせるわけですね。そういうことを今の子どもたちはやってきているから、感度が高い子たちは、相手を思う力が付いてきていると感じます。デジタルの力って実は共感力がすごく生きると思うんですね。今の日本の学校の子どもたちはGIGAが入ってきているので、共感力を培える環境はそろい始めています。後はそうした共感力が大事なんだよっていうメッセージをいかに大人が伝えてあげるかなんじゃないかなと思いますね。

細田——もう本当に大賛成です。さいたま市のGIGAスクール構想を学校で自走させるために導入した「エバンジェリスト」という役割がそれに近いと思います。エバンジェリストって、最初みんなにエヴァンゲリオンとどう違うの?ってさんざん言われたんですけれども(笑)。

中井——聞き慣れないです。

細田——エバンジェリストたちが今もう800〜900人いて、さいたま市の学校の中で大活躍していて、平均年齢30歳くらいなんですよ。ITのリテラシーが高い若い人たちです。
学校の中では、ベテランの先生が素晴らしい授業をやっている、でもＩＴのリテラシーが低いというケースがあります。そういう方々に「自分はＩＴの部分についてはいろいろお手伝いできます。ですから、先生のその授業力を伝授してください。私たちの力をミックスして、いい授業をどんどんやりましょう」と。そういう共感力があるエバンジェリストたちが大活躍して学校が自走できているんです。
デジタルネイティブに近い若者たちは本当に文字だけとか音だけとかの状態で、画面の向こう側にいる人の困り感を察知する。それができつつある。デジタルというスキルでもってソリューションできる、どうやったら解決できるかっていうところに寄り添える、そういう人材がこれから本当に必要になってきますよね。

中井——そう思います。

細田——マイクロソフトはそういう人たちがいっぱいいて、素晴らしい。最後にぜひこれからの時代に生きる子どもたちへのメッセージをいただければと思います。

中井——そうですね、やっぱり興味があることを、思うままにやってほしいなっていう気持ちがしますね。今の子どもたちは忙しいと思うんですけども、コミュニケーション力とか共感力とか巻き込む力って仕事をしていてすごく大事なんですが、同時に組織で一緒に動いてる人たちを見ると、好奇心が原動力なんですよね。２０21年にノーベル賞を受賞した眞鍋淑郎さんも「自分の原動力は好奇心である」っておっしゃっていました。子どもたちのその好奇心を解放してあげるっていうことをやってあげたい。興味があることはどんどん学んだらいいと思いますし、昔みたいに図書館だけじゃなくて、今あらゆる方法で調べられる。興味あることをどんどんやってほしいというのが一つ。

後は共感力ともつながるんですけども、テクノロジーは悪く使うと犯罪に使えちゃうんですね。ＡＩも倫理がすごく大事で、マイクロソフトがＡＩをどんどん開発していくと同時に、強調しているのが「何のために使うんだ」ということです。正しいことに使おう、人々の幸せのために使う、これが大原則だとお伝えしています。

興味をどんどん育てていくと同時に、テクノロジーでいろんなことができる、だけどそれは相手の痛みを理解しないことにもなり得て、決してテクノロジーとか、新しい技術を、人が悲しむようなことに使っちゃいけない。その人が苦しんでいるとか、つらいと思う気持ちを理解してあげることが大切になる。

この先ＡＩはどんどん普及していくんです。そのときに、より人間として大事なことって気持ちというか、共感する力と、人を理解する力、人間であればこそできること、ここをもっと大事にして、そのためにいろんな人と話すとか、自分と違う世界にいる人たちと話すことでそれを培える。理解する力、共感力を両方大事に育てていっていただきたいなと思います。


細田――そうですね、私たちが本当にいろんなチャレンジのステージを用意して子どもたちにいっぱいやってもらって、その中から興味関心が湧いてくるものにパッションを持って突き進んでいける、そして共感力のある、そんな子どもたちを育てていけたらいいです。

そのためにも、デジタルって本当に有益に使えると思いますので、もっともっとこれからマイクロソフトの力を発揮して世界を変えていっていただければうれしいなと思います。

本日はありがとうございました。

終章

ビヨンド・さいたま——さいたま市を超えて日本中の皆さんと考えたいこと

「世界基準の英語力」への長い旅に
お付き合いいただきありがとうございました。
本書は決して「さいたま市」のPRのために
書かれたものではありません。
最後に皆さんにお伝えしたいこと
皆さんと一緒に考えたいことを
メッセージとして残します。

「できない」の理由を探る

ここまで「世界基準の英語力」について、様々な観点から掘り下げてきました。なるべく具体的に取り入れられるアイディアをご紹介してきたつもりですが、公立学校といえども「さいたま市だからできる」とお考えの方もいるかもしれません。

では、さいたま市だからできて他の自治体では「できない」とおっしゃるその理由を探って、それを解決していけば「できる」のではないでしょうか。

まず「**予算**」の問題です。

確かに予算の問題は重要です。英語教育に限らず、きめ細かな教育を実現するためにはお金が必要になります。ただ、「予算がつかないなあ」と待っているだけではなく、首長や財政当局に**必要性を理解していただく取り組みも大切**ではないでしょうか。

政府は2023年6月に、第4期教育振興基本計画（2023年度～2027年度）を閣議決定しました。コンセプトとして「持続可能な社会の創り手の育成」「日本社会に根差したウェルビーイングの向上」を掲げ、16の教育政策を示しています。その中の「グローバル社会における人材育成」において掲げられた英語力目標は、中学校卒業段階ＣＥＦＲA1（英検３級程度）60％以上、高校卒業段階ＣＥＦＲA2（英検準２級程度）60％以上と、第３期計画（２０１８年度～２０２２年度）より目標が10％引き上げられました。高校卒業時に、ＣＥＦＲB1（英検２級程度）30％以上という新規目標も設定されたのです。

ぜひ、財政当局に、閣議決定された国の方針を示して、ご理解をいただきましょう。そして、本書もその一助となれば幸いです。

また、**従来とは違った公立学校の予算づくりについても、知恵を出していくことが必要**になるでしょう。さいたま市でチャレンジしました、ふるさと納税の仕組みを活用した「投資先はミライ　さいたまMY SCHOOLファンド」や、さいたま市立浦和高等学校がディベートの世界大会に出場する際の資金集めに「クラウドファンディング」を行ったことなどがその一例です（１１４ページ）。つまり、お金をつけてくださいと、あんぐりと口を開けて待っているばかりではなく、これからは、自分たちで調達する術も検討していかなければならないと思うのです。様々な組み合わせで「予算」を確保すれば、「できる」につながっていくのではないでしょうか。

次に「**英語教師の英語で授業をする力**」です。

2022年度の「英語教育実施状況調査」によると、児童生徒の英語力に影響を与えた可能性が高い取り組みは、「英語で言語活動をしている時間の割合」「英語教師の英語による発話の割合」でした。この結果から見えてくることは、英語が使えるようになるためには、英語を使って学習や活動をすることが大切だということです。

ならば、英語教師の「英語力をアップ」することと、「英語を使って授業する」という意識改革を促していけば、この「できない」は解決すると思います。

本書でも紹介しています「**英語漬けの研修**」をやってみませんか。それも、悉皆研修です。自治体のALTに協力してもらって、3日間の完全英語研修です。これには、一つのコツがあります。

それは、**プログラムを徹底的に楽しいものにする**ことです。

英語でコミュニケーションをすることは楽しいんだってことを、英語教師が知らなければ、子どもたちに、英語を学ぶことは「楽しい」と伝えることはできません。

子どもの可能性は無限大

さて、障壁となっているのは「予算」や「英語教師の英語で授業をする力」の問題だけではありません。例えば、「この地域の子どもたちは……」「家庭環境が……」とか「今からではもう遅い」といったように**最初から諦めてしまっている場合もあります**。子どもたち自身でさえ「自分にはできない」「どうせ自分なんか」と自信を失っているケースも見られます。

「そんなことは絶対にない」と声を大にして言いたいのです。それは私の信念であり、子どもたちから教えられたことでもあります。もう一つだけ、私の思い出話に付き合ってください。

教師として農業高校に勤務した時のことです。英語や数学などの普通教科が大の苦手で自己肯定感の低い生徒たちに、英語はコミュニケーションの手段であることを経験させたいと考え、100％英語の授業を展開していました。

「先生、質問！」と呼びかけられても反応せず、“Ms.Hosoda, I have a question!”と言われたら反応するといった具合です。

初めは戸惑っていた生徒たちも次第に慣れ、"I like movies. Do you like movies?" と自分の趣味について会話してくれるようになりました。

さらに、私は、スピーチコンテストに積極的に出場するよう提案しました。生徒たちは自分たちがスピーチコンテストに出るとは思いもしなかったようです。そこで、英語でのスピーチづくりを一から指導しました。まずは、生徒たちと話し合いながら、考えていることや社会に問いたいことを引き出し、言語化させます。それを英語に置き換え、聴衆に理解してもらえるような表現力を身に付ける練習を繰り返します。まさに、「世界基準の英語力」を育むプロセスに合致するものです。このトレーニングを通して、生徒たちは、少しずつ自分の考えを理路整然とまとめ、それを発する力を付けてきました。そして、時々賞を獲得する生徒も出てきたのです。

スピーチコンテストの帰りの電車の中で、生徒たちの達成感と自信にあふれた表情を見る、あの喜びは何にも代えがたいものがありました。

そして私に**子どもたちの持つ可能性は無限大**だと教えてくれたのです。

どうか**「この子たちにはできない」と最初から決めつけないでください**。どんな地域でも、どんな家庭環境でも、どんな子どもでも、いつからでも（もちろん大人になってからでも）、成長できる可能性があるのです。その**可能性を引き出すことこそが教育の本質**ではないでしょうか。

私は、さいたま市だけが良ければいいと考えたことは一度もありません。どの自治体も、どの学校も、どの家庭も、そして、どなたでも、自分たちにぴったりの「仕組み」を見つければ、目標を達成できると申し上げます。その時に、少しだけ、コツがあります。コツの一つ目は、「誰か」ができるのではなく「誰でも」できる方法を見つけることです。それは、属人化させない丁寧なルールづくりと言ってもよいかもしれません。そして、二つ目は、〝今〟を大切にすることです。時間には限りがありますから、やろうと思ったことは、直ちに全力を尽くすしかありません。

ですから、今こそ、全国各地の教師、教育委員会、保護者、企業、一般の方まで一緒になって知恵を持ち寄り連帯して、皆で「世界基準の英語力」を獲得しましょう。

English から World Englishes へ

高校生たちとシリコンバレーを訪れ、IT企業を訪問したり、"Plug and Play"で世界中の人々のピッチを見たりした際、私たちと同じ**ノンネイティブ（英語母語話者ではない人々）の英語があふれている**ことに、改めて気付かされました。

現在世界には約19億人の英語話者がいるとされていますが、そのうち約70％はノンネイティブです。英語が第二言語である話者を除くと、英語を母語として使用している人々は、3億人ほどしかいないといわれています。

日本の英語の教科書は、主にアメリカ英語が採用されているので、私たちはアメリカ英語を学んできました。そして、アメリカやイギリスなどの母語として英語を話す人々の英語を正しい英語として学んできたわけです。

ところが、21世紀になって"**World Englishes**"という概念が生まれてきました。インドの言語学者 Braj B.Kachru が提唱したもので、彼は世界の英語話者を同心円モデルとして三つのゾーンに分類しました。

Inner Circle には、イギリスやアメリカのように英語を母語として使用する人々。

Outer Circle が、インドやアフリカ、ナイジェリアのような主にかつてイギリスの植民地であった国々の人々。歴史的経緯から、母語または第二言語として使用している英語です。

一番外側が **Expanding Circle** で、英語を国際語とし、ビジネスや教育等の必要性から英語を学んでいる国々。日本もここに該当します。英語話者に占める割合が最も高い点が特徴です。

そして、Kachru は"World Englishes"に関して、「伝達手段としての英語」と「文化の多様性の担い手としての英語」の二つの側面があると述べています。それぞれの母語や文化の影響を受けた多様な英語が話されている今、それを無理に英語話者全体の30%程度のネイティブの基準に合わせるのではなく、互いに理解し合う努力が必要であると主張しています。つまり最も重要なことは、**英語はコミュニケーションのツールであり、そのツールを使って人種や文化の異なる世界の様々な人に「想い」を「伝える」こと**だと言っているのです。まさに、これが「世界基準の英語力」です。

コロナ禍で常に世界中の人々に最新の情報を提供し、このパンデミックに世界が協力して立ち向かうためのメッセージを出し続けていたWHO事務局長テドロス・アダノム博士はエチオピア人です。テドロス事務局長は、まさに“World Englishes”で私たちに、大切なメッセージを伝え続けてくれました。

ノンネイティブで、しかも、英語との言語間の距離が最も遠い言語、日本語を母語としている私たちは、これまで、発音や文法に囚われすぎて、つい引っ込み思案となり、世界の舞台で仏像のように黙りこくってしまうことがしばしば起こりました。

しかし、**“English から World Englishes へ”**と転換が図られた今、かつての私たちをがんじがらめにしていた、**アメリカ人やイギリス人のような英語を話さなければならないという呪縛から解放されるべき時**です。

本書をお読みの皆さんも、ビジネスで英語を使ってコミュニケーションを取る相手は、もはや圧倒的にノンネイティブであるという方も多いと思います。そして、そこで感じることは、どの英語が正しいかということよりも、**グローバル社会で通用する生きた英語力が必要であり、相手の文化を理解するための学びや、互いを尊重する気持ちが大切**だということではないでしょうか。

多国籍の人々とコミュニケーションできる力が「世界基準の英語力」と言うべき現在、流暢な英語であること以上に求められる力は、**共有すべき豊かな教養、世界の多様性を理解しつつないでいくマインドセット**であると思います。

これからは、私たち日本人も、多様性に富んだ英語“World Englishes”の話者の一人として、もっともっと自信を持って、英語でコミュニケーションしていこうではありませんか。

本書の「終章」として、日本中の人々と共有したい思いは、大人も子どもも私たち一人ひとりが、**世界中の人々と豊かな「対話」をすることによって、この世界を居心地の良いものにしていくことができたら最高**だということです。

共に一歩踏み出していきましょう。

おわりに

教育長に就任してからずっと、公教育、とりわけ公立の学校教育の使命とは、と考え続けてきました。

2021年、**「親ガチャ」**が新語・流行語大賞トップテンに選ばれました。

「親ガチャ」とは、どんな親のもとで生まれ育つかは運次第であり、家庭環境によって人生が左右されることを、ソーシャルゲームやカプセル入り玩具販売機の「ガチャ」に例えた言葉です。**とても残念な流行語ですが、現実でもあります。**

そして、コロナ禍が、その現実を私たちに突きつけました。

新型コロナウイルスのパンデミックという世界的な脅威の中で、日本の学校は休校となり、さいたま市立学校は3カ月間の臨時休校でした。大人たちも外出を控えざるを得なかったり仕事もテレワークになったり、以前は皆が忙しく、ゆっくり過ごすことがままならなかった家族が向き合い、この時間を過ごすことになりました。

子どもたちは、テレワークをする親の様子を間近で見ながら、私たちを突然襲ったこの脅威について考えました。何よりも、友達と会えないつらさと学校から解放されたちょっと不思議な感覚、あたふたする大人たちを見てうんざりした気持ち、医療現場や私たちの生活を支えてくれている「エッセンシャルワーカー」の存在などについて、自分の言葉で家族と話し、大きく成長した子どもたちがいました。

一方で、四六時中家族が顔を突き合わすことで、喧嘩が絶えなかったり、虐待にまでつながってしまったり、そして、給食が唯一の栄養のバランスが取れた食事だった子どもたちも少なからずいたという現実です。

私は、家庭の「教育資本」がこんなに子どもに影響を与えるのかと愕然としました。

日本は、緩やかな階層化社会となっており、「学ぶことへの意欲」そのものが社会構築的な能力であると、苅谷剛彦氏はその著書『階層化日本と教育危機』（有信堂高文社）の中で述べています。

ならば、居住地の学校に就学するすべての子どもたちにとって、地元に根差した**公立の学校教育こそが、最も優れた教育活動を実践し、どんな家庭環境に生まれても「社会階層」をジャンプアップできるプラットフォームになるべき**ではないでしょうか。

公立の学校教育が、もっとチャレンジングで、もっと豊かに学べる環境と仕組みを兼ね備えていれば、すべての子どもたちが、「**学ぶことは楽しい**」と気付きます。世界中の人々と英語でコミュニケーションできた時の爽快感、仲間と共に教室を飛び出して社会の課題と向き合った連帯感、五感を使って思いっ切り探求した充実感。公立学校で、子どもたち一人ひとりに、「**ワクワクする学び**」に巡り合わせてあげられれば、きっともっと学びたいにつながります。

公立の学校教育が、子どもたちの学びへの意欲をかき立てる優れた教育活動が実践できたなら、この国は、もう一度輝きを取り戻せるのではないでしょうか。

「世界基準の英語力」は、普通の公立学校の中で育まれました。学校が生き生きと動く知恵と仕組みづくり、そして「**公立学校こそ、最高の教育活動を提供する環境をつくろう**」という明確な「思い」を共有できたことによって、この奇跡が生まれました。

私は、研究者ではありません。
教師という**教育の実践者**です。
そして、**実践者はロールモデルになる**と、自負しています。

本書は、英語教師として出会った子どもたちに教えてもらったこと、さいたま市教育委員会での様々なチャレンジの中から、仲間たちと考え実践してきたことばかりです。私たちが試行錯誤してできたことは、どの自治体でも、どの学校でも、どのご家庭でも、そして、今から自分も「世界基準の英語力」を身に付けたいとお考えのすべての皆さんにとって実践可能なことばかりです。

今、この時から、一緒に「世界基準の英語力」を獲得する旅に出ましょう。

結びに、感謝の言葉を申し上げさせてください。本書を書き上げるまでに、私を支えてくださったすべての皆さまに心からの御礼を申し上げます。

第一に、時事通信出版局の花野井道郎代表取締役社長が「この本出そう」と後押ししてくださらなければ、本書は世に出ることはありませんでした。そして、担当の高見玲子氏と坂本建一郎氏の励ましで、思考があちこちに動く私が、何とか書き上げることができました。心から感謝申し上げます。

本書の対談を快くお引き受けくださった、東京大学公共政策大学院教授の鈴木寛先生、日本マイクロソフト株式会社執行役員の中井陽子さん、座談会や授業参観に協力してくださった、さいたま市立学校の有江聖教諭、関勇人教諭、赤羽朋子教諭、浜野清澄教諭、さいたま市教育委員会の加藤英教主席指導主事、紺頼麻子主任指導主事、皆さま、お忙しい中、ご協力いただきまして、本当にありがとうございました。

最後に、わがままな母を笑いながら支えてくれた、長女の未来、長男の雄飛、ありがとう。そして、5歳年上の同業の夫、清は、教師として教育行政職員の先輩として、常にその背中を見せ続け、そして「君ならできるよ」と励まし続けてくれました。言葉が見つからないくらい感謝しています。

「世界基準の英語力」というギフトを受け取った日本中の子どもと大人たちが、対話と共感により、粘り強く、世界に横たわっている様々な課題に立ち向かっていってほしいと心から願って、本書の扉を閉じます。

２０２３年12月吉日

細田　眞由美

主な引用・参考文献

『OECD Education 2030プロジェクトが描く教育の未来　エージェンシー、資質・能力とカリキュラム』白井俊著、ミネルヴァ書房、2020年
『詳説世界史　改訂版』佐藤次高、木村靖二、岸本美緒（ほか3名）著、山川出版社、２００７年
『平成30年度教育行政方針』平成30年2月、さいたま市教育委員会
『平成31年度教育行政方針』平成31年2月、さいたま市教育委員会
『令和２年度教育行政方針』令和２年２月、さいたま市教育委員会
『令和３年度教育行政方針』令和３年２月、さいたま市教育委員会
『令和４年度教育行政方針』令和４年２月、さいたま市教育委員会
『令和５年度教育行政方針』令和５年２月、さいたま市教育委員会
「若者に知ってほしい台湾の歴史」古川勝三著、ユナイテッドツアーズ、２０１３年
『「グローバル・スタディ」中学校　教師用指導資料第５版』さいたま市教育委員会
『「グローバル・スタディ」小学校　教師用指導資料第５版』さいたま市教育委員会
『FACTFULNESS 10の思い込みを乗り越え、データを基に世界を正しく見る習慣』ハンス・ロスリング著、オーラ・ロスリング・アンナ・ロスリング・ロンランド著／上杉周作訳、関美

和訳、日経BP、2019年
『LIFE SHIFT―100年時代の人生戦略』リンダ・グラットン著、アンドリュー・スコット著／池村千秋訳、東洋経済新報社、2016年
『やり抜く力 人生のあらゆる成功を決める「究極の能力」を身につける』アンジェラ・ダックワース著／神崎朗子訳、ダイヤモンド社、2016年
『静かに健やかに遠くまで』城山三郎著、新潮文庫、2004年
『学校の「当たり前」をやめた。―生徒も教師も変わる！ 公立名門中学校長の改革』工藤勇一著、時事通信社、2018年
『まんがでわかるデザイン思考』小田ビンチ シナリオ・記事／坂元勲まんが／田村大監修、小学館、2017年
『実践スタンフォード式デザイン思考 世界一クリエイティブな問題解決（できるビジネス）』ジャスパー・ウ著／見崎大悟監修、インプレス、2019年
『外国語学習の科学―第二言語習得論とは何か』白井恭弘著、岩波新書、2008年
『英語、好きですか アメリカの子供たちは、こうしてABCを覚えます』松香洋子著、読売新聞社、1982年
『これからの英語学習の話をしよう！ AIが変えた英語教育の新常識』デイビット・セイン著、

今泉麻衣子著、原貴浩著、InteLingo、２０２３年
『世界で活躍する子の〈英語力〉の育て方』船津徹著、大和書房、２０１９年
『子供の英語力がグンと伸びる最強の学習』安河内哲也著、扶桑社、２０２１年
『小学校で高校卒業レベルに！　英語に強い子の育て方　0～9歳児の親が今できるすべてのこと』江藤友佳著、翔泳社、２０２１年
「ディズニー英語システム」ワールド・ファミリー
『アメリカの小学校ではこうやって英語を教えている　英語が話せない子どものための英語習得プログラムライミング編』リーパー・すみ子著、径書房、２００８年
『改訂3版　英語耳　発音ができるとリスニングができる』松澤喜好著、ＫＡＤＯＫＡＷＡ、２０２１年
『変わる学校、変わらない学校　学校マネジメントの成功と失敗の分かれ道』妹尾昌俊著、学事出版、２０１５年
酒井英樹（２０１５）「小中、中高の連携でコミュニケーション重視の授業に」『View21　2015 Vol.1』ベネッセ教育総合研究所

[著者紹介]
細田　眞由美（ほそだ　まゆみ）
前さいたま市教育長　うらわ美術館館長
東京大学公共政策大学院講師　兵庫教育大学客員教授

埼玉県立高等学校英語教諭、埼玉県並びにさいたま市教育委員会、さいたま市立大宮北高等学校校長を経て、2017年６月より2023年６月までさいたま市教育長を務める。

文部科学省中央教育審議会初等中等教育分科会臨時委員、経済産業省産業構造審議会教育イノベーション小委員会委員、国立教育政策研究所評議委員会評議員、スポーツ審議会委員、日本ユネスコ国内委員会委員、などを歴任。

兵庫教育大学大学院学校教育研究科教育実践高度化専攻専門職学位課程修了。

著書
『コロナ禍の学校で「何が起こり、どう変わったのか」』（東信堂）編
『地域スポーツ政策を問う　新しい地域スポーツへの挑戦』（ベースボール・マガジン社）共著

世界《せかい》基準《きじゅん》の英語力《えいごりょく》
――全国トップクラスのさいたま市の教育は何が違うのか

2024年 2月29日　初版発行

著　者――――細田 眞由美
発行者――――花野井 道郎
発行所――――株式会社時事通信出版局
発　売――――株式会社時事通信社
〒104-8178　東京都中央区銀座5-15-8
電話03(5565)2155　https://bookpub.jiji.com/

校正――――――溝口 恵子
写真――――――榊 智朗（カバー、第７章）
デザイン――――渡邉 純（株式会社ダイヤモンド・グラフィック社）
DTP・印刷・製本―株式会社ダイヤモンド・グラフィック社
編集――――――坂本 建一郎　高見 玲子

ISBN978-4-7887-1906-4 C0037 Printed in Japan